商业社会中的政治

启真馆 出品

启蒙运动研究译丛

商业社会中的政治

让－雅克·卢梭和亚当·斯密

[英] 伊什特万·洪特 著

POLITICS IN COMMERCIAL SOCIETY

Jean-Jacques Rousseau and Adam Smith

ISTVÁN HONT

康子兴 译

ZHEJIANG UNIVERSITY PRESS
浙江大学出版社
·杭州·

图书在版编目（CIP）数据

商业社会中的政治：让 - 雅克·卢梭和亚当·斯密 / （英）伊什特万·洪特著；康子兴译 . —杭州：浙江大学出版社，2022.8

书名原文：Politics in Commercial Society：Jean-Jacques Rousseau and Adam Smith

ISBN 978-7-308-22231-0

Ⅰ. ①商… Ⅱ. ①伊… ②康… Ⅲ. ①卢梭（Rousseau, Jean Jacques 1712—1778）—哲学思想—研究 ②亚当·斯密（Adam Smith 1723—1790）—经济思想—研究 Ⅳ. ① B565.26 ② F091.33

中国版本图书馆 CIP 数据核字（2022）第 016715 号

商业社会中的政治：让–雅克·卢梭和亚当·斯密

［英］伊什特万·洪特 著　康子兴 译

责任编辑　王志毅
文字编辑　王　军
责任校对　张培洁
装帧设计　王小阳
出版发行　浙江大学出版社
（杭州天目山路148号　邮政编码310007）
（网址：http:// www.zjupress.com）
排　　版　北京楠竹文化发展有限公司
印　　刷　河北华商印刷有限公司
开　　本　635mm × 965mm　1/16
印　　张　10.25
字　　数　148千
版 印 次　2022年8月第1版　2022年8月第1次印刷
书　　号　ISBN 978-7-308-22231-0
定　　价　59.00元

浙江大学出版社市场运营中心联系方式：（0571）88925591；http://zjdxcbs.tmall.com

总　　序

欧洲人的精神世界在脱离了希腊化的时代之后，进入了中世纪长达千余年的沉睡，直到被启蒙运动彻底唤醒。

启蒙本质上是人类在思想认识领域中进行的一场自我革命，按照康德的著名定义：启蒙就是人类脱离自己所加之于自己的不成熟状态。而不成熟状态就是没有别人引导，就对运用自己的理智无能为力。启蒙之所以必要，是因为人类在大多数情况下都会陷入若无别人的引导就缺乏勇气与决心去运用自己理智的蒙昧状态。没有启蒙就不可能有自我清明的人生状态，也就不可能有真正的个人的幸福；没有过启蒙的公民，也就不可能有合乎人类根本目的的社会生活；没有启蒙思想推动的科学发现，就无法应用、评估和改进我们的各项制度和技术，并使之造福人类社会。一言以蔽之，18 世纪前后发生的启蒙运动改变了人类社会的基本面目，造就了今天的世界。

启蒙运动最伟大的意义在于它强有力地推动了人类的自我认识，确立了人的中心地位以及人类应有的自信与尊严。与此前曾发生过的各种人类解放运动不同，18 世纪的启蒙运动以其特有的方式牢固地确立了世界——自然的世界、人的世界、精神的世界具有可认识性的观念，指出了人类摆脱自我蒙昧状态的方法和方向。启蒙时代的人们，无论是理性主义倾向的思想家还是情感主义倾向的思想家，无论他们之间的分歧和差异如何深刻，如何看上去多么不可调和，都截然不同于以往。他们具有对人类自我认识能力及其限度的高度自觉和自信，甚至怀疑主义和不可知论也可看作是总体上和谐的启蒙大合唱的一个必要的声部。我以为，这也正是启蒙留给后人最宝贵的财富。人类近两个世纪的进步都是这个财富不断呈现的产物。因此，无论从何种意义上说，今天的人类皆可说是 18 世纪启蒙运动的孩子。

启蒙运动降下它巨大的帷幕至今已有近两个世纪的时间，人们对待它的态度似乎处在截然不同的两极。在当今世界的某些地方，或者是，启蒙思想作为一种似乎完成和实现了的观念不再能够引起大家热切的关注。学术界对它的研究止于思想史的需要，它与现实之间的关系仿佛已不再存在。或者甚至，反启蒙成为一种新的学术时尚。而在另外一些场合，随处可见的现象依然是，人类的精神处于基本蒙昧状态，迷信、偏见、原始观念团团包围着人们的心灵；思想解放、社会变革的必要性迫在眉睫，可希望依然渺茫。

新文化运动以来，又过了近一个世纪，以鲁迅先生为代表的一代知识分子对中国人的国民性所进行的反思与批评迄今也有快一个世纪了。在这伴随着急剧社会变革的百年之中，中国人的精神世界是否发生了根本性的转型，答案未必是完全肯定的。就康德意义上的启蒙而言，今天中国人的深层精神结构，与欧洲中世纪的情形相去不远。整个中国的社会变革基本上仍然是外生变量的结果，中国人的心灵、精神和心理世界还停留在前启蒙阶段。启蒙对于中国人而言还是一项未完成的自我革命。令人担忧的是，国人并未对此有充分的自觉。毋宁说，中国经济在最近几十年里的巨大成功，助长了中国人的一种未反思和批判的、盲目的文化优越感。这种优越感遮蔽了启蒙这一重要任务之于中国的迫切性。拿破仑当年曾说过，中国是一头睡狮，一旦醒来将震惊世界，此话也许说对了一半。它的另一半应该是：能够唤醒中国这头睡狮的除了启蒙，没有其他！

推动中国人的启蒙，乃是新时期知识分子作为群体得以安身立命的事业，也应该是他们展示历史责任感的伟大事业。做好这件事情的前提，无疑地，在于知识分子应完成自身的启蒙。

伟大的启蒙运动涉及人类生活的几乎全部领域，涉及的国家也众多。在长达一个世纪的时间里，思想和学术的论争此起彼伏，理论创新层出不穷。那个如火如荼的年代发生的一切对于中国这样正接着新的启蒙时代的国家，对于我们这些需要启蒙的人而言都是弥足珍贵的历史记忆。唤醒这个记忆，使其成为一面镜子，用来照鉴我们的事业，这是有必要的。

有鉴于此，我们志同道合的一帮学界朋友策划了几套关于启蒙的书，包括三个系列，即："启蒙运动经典译丛""启蒙运动研究译丛"和"启蒙运动论丛"。"启蒙运动经典译丛"旨在译介 18 世纪前后启蒙运动重要思想家的经典作品，其重点一是长期以来被中国学术界忽视的重要思想家的作品，不少是首次以中文本形式问世，二是因研究深入而重译的新中文版。这套译丛自启动以来已有多种作品问世，在学界也引起了一定的积极反响。"启蒙运动研究译丛"则主要译介当代西方学术界研究启蒙运动的重要著作，正分批出版。"启蒙运动论丛"重点展示中国学者研究启蒙运动的学术成果，目前正在组织之中。

但愿，这三套丛书不仅能为国内知识界和思想界提供有关启蒙运动的新知识、新材料和新视角，还能推动中国学界的启蒙运动研究。同时，也许更重要的，是能为中国自身的启蒙实践，为知识分子参与推动中国启蒙的行动提供重要的借鉴和启发。

罗卫东

2010 年秋

致　谢

在准备将此书付印的早期阶段，保罗 · 赛格尔（Paul Sagar）提供了重要的帮助，他将不同的电子版文本加以比较，确定并提供了引用的注释，更正了许多排印和语法错误。对其颇富见识的贡献，编辑们要向他表达感激之情。约翰 · 罗伯逊（John Robertson）、理查德 · 塔克（Richard Tuck）、约翰 · 杜恩（John Dunn）、基思 · 特赖布（Keith Tribe）、伊萨克 · 纳科莫夫斯基（Isaac Nakhimovsky）、理查德 · 沃特莫尔（Richard Whatmore）、安娜 · 洪特（Anna Hont）做出了许多有益评论，对他们深表感激。伊什特万 · 洪特（Istvan Hont）的朋友和哈佛大学出版社编辑迈克 · 阿伦森（Michael Aronson）自一开始就对此项计划予以鼓励，并在不同阶段均加以引导。如果伊什特万 · 洪特能够看到其卡莱尔讲座出版，他将会把它们题献给妻子安娜。所以，这本书无疑也属于她。

编者引言

ix

伊什特万·洪特逝于2013年春天，留下了大量尚未出版的著述。其中大部分都是他在生命最后阶段写就的作品。2009年，在牛津大学春季学期（Hilary Term），他就亚当·斯密和让-雅克·卢梭的思想做了六次卡莱尔讲座。这部著作就是这六次讲座的文本[1]。当人们听到这些讲座时，会感受到智识上的振奋。伊什特万·洪特是一个很好的演讲者，他无须准备详细的手稿便能够流利、准确地综合谈论那些他经常讲述的复杂主题。但是，在准备出版这些讲座时，他也颇为用心。他为此付出的关心标志着他赋予讲座内容的重要性，也表明了内容本身的丰富性。这些讲座包含的内容过于丰富，甚至在六个集中的时段里，我们也很难通过听来理解它们。它们最好是用来阅读，而不只是被倾听。它们是三十多年工作的产物，或是对其蒸馏提纯的结果。这部作品展示了这一结果。当然，它们是关于亚当·斯密和让-雅克·卢梭思想的讲座。更确切地说，它们在讨论，斯密与卢梭各自的理论关注在分析上颇为接近。这些理论分析上的亲近性尽管在很大程度上尚未得到认知，却真实存在。但是，最重要的是，它们也是关于现代政治的讲座——民族国家、全球贸易、社会不平等、国际竞争的政治，以及（在某种并非完全明显的意义上来说）民主责任的政 x

[1] 这些讲座原初的标题为“商业社会的政治视野：比较让-雅克·卢梭与亚当·斯密”。洪特于2010年分别在耶拿（Jena）和波士顿（Boston）的席勒讲座、本尼迪克特讲座中继续使用了这一文本。

治。洪特在最后一讲表明，这些是现代政治理论的面包和黄油。在卢梭与斯密的思想之间，我们能够发现一种强烈得令人惊讶的智识上的一致性。正如洪特想要在这些讲座中表明的那样，它们也是造成这种一致性的主题。

一致性自身是故意造成的，因为它由斯密积极地制造出来。卢梭的《论不平等的起源》于1755年出版。众所周知，该书出版后不久，斯密就撰写了评论。后来，在1759年的《道德情感论》中，斯密又重新引用了评论中关键的段落。尽管现代格拉斯哥版的斯密著作提及了这一事实，但是，它仍有大量道德与政治影响尚未得到发掘。这些道德与政治影响为洪特讲座提供了许多实质性内容。正如他在第一篇讲座中表明的那样，卢梭对怜悯感（the feeling of pity）以及情感倾向奇妙的二重性的考察成了斯密自己（非常精妙的）道德哲学的起点。在那个理论中，有许多部分在发挥作用。如果我们想要把这些部分一一识别出来，并把它们拼合在一起，那绝非易事。通过以颇富新意的方式来解读概念本身，洪特采取了许多重要步骤来解释斯密的“无偏旁观者”（impartial spectator）概念。他之所以能这样做，一个原因是，他在阅读哈奇森（Hutcheson）和休谟（Hume）的同时也研读了卢梭和霍布斯。通过这样做，他就能够将斯密的思想置入一个更广泛的欧洲智识语境，斯密对卢梭最初的评论则将此智识语境标示出来。通过研究斯密的道德理论，洪特能够充分运用卢梭研究中的最新成果。卢梭研究恢复了他的18世纪特征，将其视为一个霍布斯主义者，或至少是17世纪英国政治哲学家托马斯·霍布斯（Thomas Hobbes）的平和的追随者。[2] 尤为重要的是，洪特也能够充分运用卢梭研究对其形象的复原。在历史与分析的意义上，这是更为精准的卢梭解读。它也让我们更容易看到，我们如何能够将斯密对情感

---

［2］ 提出这一观点的主要是 Richard Tuck, *The Rights of War and Peace: Political Thought and the International Order from Grotius to Kant* (Oxford: Oxford University Press, 1999), pp. 197–207; Bela Kapossy, *Iselin contra Rousseau: Sociable Patriotism and the History of Mankind* (Basel: Schwabe, 2006)。亦可参见 Maurice Cranston and Richard S. Peters eds., *Hobbes and Rousseau: A Collection of Critical Essays* (New York: Anchor Books, 1972)。

（emotions）的处理放置在一个更加庞大的关于自我及其特性的论争家族中。现在，人们还不时地将自我及其特性与20世纪晚期的承认理论关联起来。[3] 从洪特的视角来看，承认理论始于霍布斯，但它对现代政治所具有的内涵则由卢梭和斯密充分地开发出来。 xi

关于自我及其疑难特征，尤其是在劳动分工和商业社会形成了依附与独立相混合的语境下，斯密与卢梭拥有共同的兴趣。这也意味着，斯密与卢梭共同拥有一群思想对话者。第一个是盎格鲁－荷兰（Anglo-Dutch）的政治道德主义者伯纳德·曼德维尔（Bernard Mandeville），他在《蜜蜂的寓言》中对怜悯的讨论给予斯密－卢梭对话许多原初动力。[4] 第二个是法兰西治安法官查尔斯－路易·德·色贡达（Charles-Louis de Secondat），孟德斯鸠男爵（baron de Montesquieu）。其《论法的精神》（*The Spirit of Laws*）（18世纪英译本冠以此名）为在更宽广视野下斯密与卢梭之间的对话提供了几乎所有主题事物（若非一切论证的话）。第三个出现在对话中的思想人物有些令人意外，他是17世纪英国政治理论家约翰·洛克（John Locke）。正如洪特重构了斯密在《道德情感论》中与卢梭的论战，这让我们更容易看清楚，斯密如何提出无偏旁观者概念；同样，洪特也重构了卢梭与洛克的论战，这让我们更容易看到，斯密怎样获得了支撑整部《国富论》的历史、政治视野。长久以来，人们常常认为，卢梭与斯密是截然不同的经济、政治思想家。斯密据称是自由贸易、有限政府和守夜人国家的伟大辩护者。按照斯密的说法，国家与市场关系赋予商业社会诸多根本特质。然而，就此国家与市场关系的任何一个方面而言，在18世纪，卢梭都被认为是最著名的批评者。尽管人

---

［3］ Frederick Neuhouser, *Rousseau's Theodicy of Self-love: Evil, Rationality, and the Drive for Recognition* (Oxford: Oxford University Press, 2008); Pierre Force, *Self-interest before Adam Smith: A Genealogy of Economic Science* (Cambridge: Cambridge University Press, 2003); N. J. H. Dent and T. O'Hagan, "Rousseau on Amour-Propre" (*Proceedings of the Aristotelian Society*), Supplement 72(1998), pp. 57–74.

［4］ Edward Hundert, *The Enlightenment's Fable: Bernard Mandeville and the Discovery of Society* (Cambridge: Cambridge University Press, 1994); Mikko Tolonen, *Mandeville and Hume: Anatomists of Civil Society* (Oxford: Voltaire Foundation, 2013).

们近来更为经常地指出他们的相似性，但在这样做的时候，他们采取的方式让斯密与老旧的卢梭形象更相像，使他们两人更像是某类现代的（常常是美国的）政治哲人。[5]在这些讲座中，洪特在比较中更多xii强调了斯密式的那一方面，而非卢梭式方面的内容。依据支撑洪特诠释的，经常运用于18世纪道德和政治类型学的古老的系统分类法，卢梭与斯密都是伊壁鸠鲁主义者。[6]

此种一致性是前两章略带戏谑的标题的基础。众所周知，曾经有一个所谓的“亚当·斯密问题”，或在比较《道德情感论》推定的利他的道德理论与《国富论》露骨的自私理论时产生的问题。依据洪特，同一类型的问题也可运用在卢梭身上。社会契约和主权者的普遍

---

[5] 最初指出某些问题的文献，参见 Dennis C. Rasmussen, *The Problems and Promises of Commercial Society: Adam Smith's Response to Rousseau* (University Park: Pennsylvania State University Press, 2008)，以及拉斯姆森（Rasmussen）和丹尼尔·B·克莱因（Daniel B. Klein）之间的后续讨论，见 *The Adam Smith Review* 7（2013），pp. 323-331。也可参看 Benjamin Friden, *Rousseau's Economic Philosophy: Beyond the Market of Innocents* (Dordrecht: Kluwer Academic Publishers, 1998); Samuel Fleischacker, *On Adam Smith's "Wealth of Nations": A Philosophical Companion* (Princeton, NJ: Princeton University Press, 2004); Catherine Larrere, "Adam Smith et Jean-Jacques Rousseau: sysmpathe et pitie', in *Kairos 20*(2002), pp. 73-94; Emma Rothschild, *Economic Sentiments: Adam Smith, Condorcet, and the Enlightenment* (Cambridge, MA: Harvard University Press, 2001)。若要获得论斯密的更广泛文献的有助益的方式，参看 Knud Haakonssen, ed., *The Cambridge Companion to Adam Smith* (Cambridge: Cambridge University Press, 2006); Knud Haakonssen, ed. *Adam Smith*(Aldershot: Ashgate, 1998); Christopher L. Berry, Maria Pia Paganelli, and Craig Smith, eds., The Oxford Handbook of Adam Smith (Oxford: Oxford University Press, 2013)。亦可参看如下逐年出版的刊物：*The Adam Smith Review*, 7vols. to date (London: Routledge, 2004—2013)，以及 *Annales de la Societe Jean-Jacques Rousseau*, 51vols. to date (Geneva: Droz, 1905—2013)。

[6] 洪特于2001年在霍林赫姆（Gorinchem）的一次会议上第一次展示了他关于斯密和卢梭道德理论的比较研究。最近的研究，参见 Fonna Forman-Barzilai, *Adam Smith and the Circles of Sympathy* (Cambridge: Cambridge University Press, 2010); Michael Frazer, *The Enlightenment of Sympathy: Justice and the Moral Sentiments in the Eighteenth Century and Today* (Oxford: Oxford University Press, 2010); Jerry Evensky, *Adam Smith's Moral Philosophy: A Historical and Contemporary Perspective on Markets, Law, Ethics, and Culture* (Cambridge University Press, 2005)。洪特认为卢梭是一个犬儒（Cynic）的论述，参见 Michael Sonenscher, *Sans-Culottes: An Eighteenth-Century Emblem in the French Revolution* (Princeton, NJ: Princeton University Press, 2008)。

意志观念则构成了《社会契约论》的分析内核。在《论不平等的起源》(*Discourse on the Origin of Inequality*)(被视为《二论》)中，卢梭颇为沮丧黯然地论述了人们寻求承认(recognition seeking)、形成财产、区分阶层的诸种动力。在此情况下，我们不容易看到，这种沮丧黯然的论述如何能够与社会契约及主权者的普遍意志观念实现和解。简而言之，“让-雅克·卢梭问题”是存在的，正如德国哲学家厄恩斯特·卡西尔(Ernst Cassirer)1932年在一次公开演讲中运用了这一提法，以回应19世纪德国历史经济学家奥古斯特·奥肯(August Oncken)更早提出(现在却更加广为人知)的亚当·斯密问题。[7]洪特最初将这两个问题并置，不仅使我们更易于获得彼此的尺度，也更容易看到更多关于它们各自后果的内容与样子。 xiii

这一系列讲座意在强调，让-雅克·卢梭问题第一个出现。这不仅因为卢梭的早期作品先于《道德情感论》出版，也还因为：正如斯密最初在评论卢梭时表明的那样，卢梭开始在其《二论》中呈现人类情感谱系(继续出现在洪特所谓的卢梭“三论”，即《论语言的起源》中)，这一情感谱系给予斯密诸多分析方法，使其能够超越弗兰西斯·哈奇森与大卫·休谟持有的彼此对立的道德及政治哲学立场。对斯密来说，弗兰西斯·哈奇森与大卫·休谟是最重要的两位思想对话者。伯纳德·曼德维尔的思想位列哈奇森、休谟之后。正如洪特在回应斯密时表明的那样，就表象而言，卢梭对曼德维尔的处理提供了一种方法。这种方法对相关的社会性、道德和政治主题做出了高度复杂精致的分析，使之达到一个比在纯粹英语语境下所能企及的更高的精致分析层次。

前两章的主标题“商业社会性”结合了两个18世纪的术语。(值得注意的是，洪特具有一种非凡的能力：把词语放置在一起，以彰

---

[7] August Oncken, “Das Adam Smith Problem,” in *Zeitschrift FUR Sozialwissenshaft*, ed. Julius Wolf, vol. 1 (Berlin: G. Reimer, 1898), pp.25-33, 101-108, 267-287, Ernst Cassirer, “Das Problem Jean Jacques Rousseau,” *Archiv fur Geschichte der Philosophie* 41(1933), pp.479-513. 英文版，参见 Ernst Cassirer, *The Question of Jean-Jacques Rousseau*, ed. And trans. Peter Gay(New York:Columbia University Press, 1954)。

显其独立的概念重要性。）在这个短语中，“商业”部分意在回应斯密的术语“商业社会”。另一方面，“社会性”部分则暗指体量巨大的 17、18 世纪就人性展开的神学、自然法理学，或今日所谓的人类学讨论。在某个时候，将此两个术语并置，组成短语“商业社会性”看似一种同义反复。然而，到 18 世纪中叶，它似乎被认为是一种矛盾形容法（oxymoron）。就第一种意义而言，“商业”这个词几乎就是“社会”的同义词。然而，在第二种意义上，“商业”则更像是“社会”的反义词。洪特用一定篇幅表明，在该短语的这两种意义之间，xiv 我们能找到深层次的张力。这种张力有助于解释，尽管阿伯特·赫希曼（Albert Hirschman）做出了经典的研究，但是，为了理解斯密最先提出的商业社会（与捕猎、畜牧、农耕社会相对）的道德与政治维度，无论过去还是现在，我们所需要的东西大大超过了从激情向利益的转换。[8] 洪特继续表明，在后来的 19 世纪，研究霍布斯的伟大学者费迪南德·滕尼斯（Ferdinand Tönnies）将该短语的两部分命名为共同体（*Gemeinschaft*）和社会（*Gesellschaft*）。[9] 洪特论道，这一对立面在语言上的融合不仅富有助益地指出了包含在商业社会概念中的真实的道德、政治问题；它也提出了警告，即尽管从表面看来，该短语明显已经过时，但让－雅克·卢梭问题与亚当·斯密问题原本是真实存在的。洪特暗示，它们中的某一方是否因为现代政治理论而真正消亡，我们并不清楚。

洪特之所以持续关注伊曼努尔·康德（Immanuel Kant）的术语“非社会的社会性”（unsocial sociability），一大原因是这两个标签之间的相似性，以及卢梭问题和亚当·斯密问题之间的概念叠合。因为，它不仅有助于抓住商业社会性概念许多的疑难特征，还指向了如下内容：一旦我们有可能把卢梭和斯密放在一起思考（这种做法始于

[8] Albert O. Hirschman, *The Passions and the Interests: Political Arguments for Capitalism before Its Triumph* (Princeton, NJ: Princeton University Press, 1977).

[9] Ferdinand Tonnies, *Gemeinschaft und Gesellschaft: Abhandlung des Kommunismus und des Sozialismus als empirischen Kulturformen* (Leipzig: Fues's Verlag, 1887) .

18 世纪最后 20 年，康德无疑就这么做了），它将在思想上产生什么结果呢？在此意义上，洪特对卢梭 – 斯密对话的处理是其更为宽广的政治思考视野的一部分。他的政治思考居于两方之间：以托马斯 · 霍布斯时代为一方，以卡尔 · 马克思为另一方。并且，他的政治思考也主要采取历史与分析的方式，专注于把政治学与经济学放在一起进行考虑。在此框架中，现代政治理论既关系到如何回应霍布斯，也同等密切地关系到如何回应霍布斯的思想自身。这使得卢梭、斯密成为此两者的继承人。在萨缪尔 · 普芬多夫（Samuel Pufendorf）、约翰 · 洛克（John Locke）的思想中，霍布斯的遗产再次抬头。尤其是在这些地方，卢梭与斯密更是传承了现代政治理论对霍布斯及霍布斯思想自身的回应。洪特给斯密 – 卢梭关系带来了更加宽广的时间视野与分析性视野。第三、四次讲座便以此为起点。从这两次讲座的题名来看，它们处理的是政府及其历史。更具体地说，它们处理了欧洲的两段历史之间的关系：一段为古代史，就其起源而言，它在很大程度上是南方的历史；另一段为现代史，就起源而言，它主要是北方的历史。 xv

洪特敏锐地意识到，在政治思想史中，规范（the normative）与历史（the history）之间存在张力。有些人持有一种观念，认为我们能够找到政治思想史的“剑桥学派”这样一种事物。对于这样一种观点，他怀有持久的敌意，其中的一个原因是：这个学派是假设出来的，在通常认定的它的成员中间，我们很难识别出任何一种事物，它好像对那种张力做出了一系列连贯一致的（或者，甚至可能是深思熟虑的）回应。在论政府及其历史的那两章里，我们可以最清楚地看到洪特自己处理这一张力的方式。这两章紧接着他对卢梭与斯密之商业社会性的考察。看起来，我们仍然可以把有些事物视为分别通往政治思想史与政治思想史学的两条路径。在这里，他用一定篇幅来确认、描述这两者之间的联系。第一种路径具有更加明显的规范维度，因为它关注权利以及与雨果 · 格劳秀斯（Hugo Grotius）、托马斯 · 霍布斯、萨缪尔 · 普芬多夫、约翰 · 洛克的自然法理学的联系。第二种路径具有同等明显的历史维度，因为它聚焦共和国，聚焦各种各样的包含在所谓的公民人文主义（civic humanism）、新罗马自由（neo-

Roman liberty）或共和主义（简称）的道德、经济、政治安排。洪特用卢梭与斯密作为向导，引导我们进入这两大历史学传统在概念上的构成部分。通过这样的方式，洪特不仅能够表明卢梭与斯密共享了多少共同的概念基础，还能解释为何政府及其起源的主题能够位于规范与历史张力之中心。规范与历史的张力则已经成为政治思想的历史与历史编纂学如此显著的特点。

很长时间以来，洪特就对大卫·休谟的思想颇为熟悉。在这里，这种熟悉能够帮助我们更容易地看到，是什么将斯密与卢梭结合在一起，又是什么将他们分开。在考虑如何避免滑向财产、不平等和极端革命时，卢梭强烈依赖约翰·洛克的政治思想，更具体地说，是洛克在《政府论两篇》中反对罗伯特·菲尔默爵士（Sir Robert Filmer）的父权理论建立起来的反抗理论（resistance theory）。如洪特表明的那样，卢梭对建立完全契约政治联合之前的政治安排的描述类似于洛克在《政府论》下篇关于自然状态的论述。首先，早期社会因为财产、金钱、不平等走向分化；其次，出现社会契约和政府；最后，考虑到政府原本的错误行为，宪法与合宪政府随之产生。卢梭顺从了这一序列。依其论述，法律最先产生，政府随后出现。然而，斯密则依从了相反的顺序。政府最先出现，然后法律、立法相随。[10]洪特表明，这一差别很大程度上归因于大卫·休谟的思想，尤其是休谟关于财产形成的论述，及其将正义作为一种人为德性的平行考察。也如洪特所表明的那样，真正的共和派并非卢梭，而是斯密。至少，依据近代政治思想的历史和历史编纂的形式化类型学，情形正是如此。17 世纪英国政治思想家哈林顿论断，政治权力平衡源自财产平衡。休谟的遗产意味着，在此两人之间，斯密最好地依从了哈林顿的逻辑，也最有能力解释，为何现代政治不同于古代政治。在评价定位中，哈林顿的

［10］ 洪特在 1989 年发表的一篇讲座中最先细致地提出了这一论点，即“从经济学到政治学及之前：私有财产、不平等和国家的起源，以及亚当·斯密斯阶段论的两个版本”。洪特后来进一步发展了其论点，见 Hont, “Adam Smith’s History of Law and Government as Political Theory,” in *Political Judgement: Essays for John Dunn*, ed. Richard Bourke and Raymond Geuss (Cambridge: Cambridge University Press, 2009) pp.131-171。

政治思想是否如我们现在通常认为的那般古老和具有马基雅维里主义色彩？洪特认为，这一点并不十分清晰。如果把休谟、斯密各自的历史与政治视野当作棱镜，那么，透过这些棱镜来看，哈林顿的政治思想就像他在现代环境下复兴古代政治的承诺一样冒险。

孟德斯鸠与休谟指出了道路，斯密（更甚于卢梭）则为在古代与现代之间张开的裂口发展出了最为精致的论述。这一论述的中心论点是如下观念：就内容和结果而言，欧洲具有双重历史，由两个历史周期构成——一为南方的和罗马的历史，二为北方的和日耳曼的历史。洪特论道，以此双重历史为基础，斯密在《国富论》第三卷对如下论点做出了最充分的阐述：衰亡的周期曾令第一段由罗马驱动的欧洲历史走向终结，藏身于现代欧洲政治社会史下的“不自然、倒退的秩序”（意味着，城市社会和制造工业的发展先于乡村社会和农业的发展）充分地混合了古代与现代，以便预防或阻止这一衰亡周期重演。罗马帝国的衰亡导致了何种结果？孟德斯鸠分析了日耳曼入侵罗马帝国之后的封建生活，并开启了对上述问题的思考方式。[11] 正如洪特要表明的那样，关于这一历史的斯密版本是两个世纪之后所谓的辉格历史解释之基础：他首先强调在推翻罗马帝国的游牧社会中盛行的权威、权力结构的道德政治遗产，然后论述罗马衰亡后得以幸存的边缘城镇工业与贸易之集中。然而，在另一个更加精致的伪装下，它也是许多 19 世纪历史哲学的起点，其范围可以从黑格尔、孔德延展到托克维尔、密尔、马克思和韦伯。

xvii

这本书的最后两章用了很长的篇幅，致力于在卢梭、斯密的思想与这些 19 世纪政治思想后来的发展之间建立某些联系。正如洪特对它们所做的呈现那样，卢梭、斯密不仅有着共同的智识基础，还有着共同的智识上的败绩（intellectual failure）。洪特表明，他们之所以在智识上有所失败，是因为在最后的分析中，我们仍不清楚何种政治最适合商业社会。这不仅因为商业社会概念并非完全是自我解释的，而

[11] Michael Sonenscher, *Before the Deluge: Public Debt, Inequality, and the Intellectual Origins of the French Revolution* (Princeton, NJ: Princeton University Press, 2007).

且更残酷的是，还因为这个世界包含着不止一个商业社会。结果，思考政治和商业社会便须要思考其外在和内在的动力。在这里，就像洪特所表明的那样，卢梭与斯密之间存在一种真实的一致性。尽管两人都承认现代社会是商业社会，但关于商业社会必须拥有何种政治经济学，他们却在概念上有所分歧。卢梭重点强调自足，不仅依据经济资源如此；更重要的是，按照个人家户与国家，或私人性与公共性之间的关系也是如此。斯密则更加强调生产性的一面，同样的，不仅依经济资源如此，而且依据国家机制和制度生活的规模与范围也是如此。然而，我们也容易在此夸大其一致性。如果卢梭在智识与政治上的后代包括了法国的代表体系理论家伊曼努尔－约瑟夫·西耶士（Emmanuel-Joseph Sieyes）和德国哲学家格奥尔格·威廉·弗里德里希·黑格尔（Georg Wilhelm Friedrich Hegel）；斯密的思想遗产则大部分被（例如）法国政治经济学家让－巴蒂斯特·萨依（Jean-Baptiste Say）和其瑞士的同代人邦雅曼·贡斯当（Benjamin Constant）充分吸收，那么这两组人之间具有多大差别并不是特别清楚。

现代国家常为财政国家。此外，它们也经常是福利国家，有时也是联邦国家。洪特六次原初讲座的观点大多鼓励听众依据这些标签，以及在他们表现出来的不同类型的资源、名称和义务间的张力，来思考卢梭和斯密。在伊什特万·洪特大部分的学术事业中，他都是剑桥大学的历史教师。然而，他认为自己首先是一个政治理论家，尽管并非形式的或分析性的那一类。他认识到，我们须要把当代政治和思想史放在一起研究。他也被人说服，认为：关于现代社会过去的情况，有些人做出了最好的评论，唯有细致关注这些最好的评论者的思想，现代政治理论才能向前发展。于他而言，斯密与卢梭、休谟与康德便属于那些最好的评论者范畴。所以，重构卢梭和斯密的政治思想，或者在此问题上任何其他思想家的政治思想，便不仅是纯粹历史性的。对洪特来说，历史洞见很重要，不仅因为比较有助于我们理解任何特定个人的工作，还因为政治的概念性方面具有时效性特征。其时效性特征意味着，若不将历史知识（historical knowledge）与在这些讲座中展示的历史敏感性（historical sensitivity）结合在一起，我们很可能会错失许多东西。任何人如果想要找出社会性或政治经济学的概念意味着什么；或努力描述启蒙，或寻求理解在将某人描述为18世纪的斯多葛派、犬儒或是伊壁鸠鲁派时，什么东西包含其中；或想要知道为何在18世纪称一人为乐观主义者恰似我们今天称一人为现实主义者，那么通过阅读这些讲座，读者的学习收获将会超过他可能怀有的期待。当然，同样的评述亦可应用在让－雅克·卢梭和亚当·斯密身上。他们的对话详细到令人惊讶的程度，并以许多方式构筑了后续数代思想家的辩论。就像伊什特万·洪特表明的，这两组主题比它们看起来的样子要更接近。 xix

关于文本的说明

就像其大部分计划一样，伊什特万 · 洪特希望将其卡莱尔讲座发展成一个更大的研究，能够涵盖对康德和马克思的研究（如果他为2012年复活节学期准备的剑桥研究生研讨课程——卢梭、斯密、马克思——可以作为依据的话）。诚然，这些讲座形成了一个无须进一步阐释的一致且高度结构化的研究。伊什特万 · 洪特留下了许多讲座的电子版复件，其中最新近的那些被用作在此刊印的文本的基础。编辑尽可能多地保留洪特的独特风格，并将编辑的干预降到最低。然而，这包括更正一些明显的错误，重述某些看似不够清晰的表达或句子。所有与原始资料相关的内容都在编辑过程中加了进来。只有当此著作在文本中有所提及时，编辑们才会补充那些与二手著作相关而与洪特自己的作品无关的内容。

目　录

第一章

1

商业社会性：让－雅克·卢梭问题

这本书与商业社会以及如何理解商业社会中的政治有关。它将以政治思想史为向导，努力梳理那些与我们相关的各类政治视野。它选取了两个通常被认为相对而非相近的思想家，因为一人无疑是共和派，另一个则并不被认为如此。我们将会看到，他们的政治学有多么相近或者不同。至少在修辞的意义上，我的目标是表达出令人惊讶的平行与相悖（parallels and contrasts）。我们通常不会将卢梭与斯密对勘，因为前者被认为是现代性的敌人，后者则是其支持者。哪怕以一种更加精致的形式，重复这一结论也不怎样有趣。然而，在这里，我们努力从过去三十年政治思想的修正主义的历史编纂学中获得一些教益。我们对卢梭和斯密的摹画发生了改变，或至少它们应该已经有所变化。现在，如果我们采用这些关于卢梭与斯密的新观点，并将其并置，我们将会发现什么呢？也许其思想中新的面向、新鲜的观点将会受到我们关注，我们通过对其工作的理解也会收获更多。来自剑桥的观点是，新的政治思想的历史编纂学变得陈腐，需要一种前进的推力。约翰·波考克（John Pocock）曾研究 17 世纪，现在则研究 18 世纪。他抱怨了剑桥学派对 17 世纪的固见。我设计如下章节，正要帮助实现这一向前的跳跃。

2

最先两章的主标题表明，卢梭和斯密共有一种社会类型的观点。他们想要改变这种社会类型的政治。这几个特定章节的副标题也指出，“让－雅克·卢梭问题”或许像“亚当·斯密问题”一样存在。一种张力，甚至有一种矛盾隐藏在这个假设之中——有一个公分母支撑着日内瓦人和苏格兰人的观念（断然，我们决不能称他们为法兰西人或英格兰人）。我声称，与我们通常持有的想法相比，斯密的许多观念还要更加接近卢梭。此外，我提出了一个看起来很激进的论点。人们习惯认为，斯密是商业社会理论家。我将要论述，卢梭与斯密（不仅仅是斯密）都是商业社会理论家。至少在某些关键问题上，他们具有理论上的亲近性。这种理论亲近性使得他们成为适合比较研究的有趣主题。卢梭是商业社会理论家？我们对卢梭具有一种标准化的理解，至少从此标准化理解的观点来看，这听起来颇为吊诡。当然，确切地说，我想要在此表明，我们对卢梭的寻常理解可能存在严重不足。

我是一个研究斯密的学者，我为理解斯密付出了长期持续的努力。我的诠释便受此努力驱动。然而，在这本书里，卢梭并非一个简单的陪衬。不仅通过个人的相识，也借助于斯密在学术研究上对卢梭的阅读，他们的工作就有了交汇。斯密评论了卢梭。我们有十足的理由假定，这一评论为我们有可能重新阅读卢梭和斯密提供了一把重要的钥匙。我将在本章末尾就这一评论进行论述。在此之前，我的主要任务是就它给你做些准备工作。

所谓的“亚当·斯密问题”（Das Adam Smith Problem）已经出现了，它指向了一种困难，即我们很难认为，斯密是真正的商业社会道德理论家。在本章结尾，我会对此问题做出简要分析。此刻，我能够说，我想要拓展对斯密的阅读，展现卢梭与其相似之处，使这种对斯密的解读由彼此交错的两大问题构成——“亚当·斯密问题”和类似的“让-雅克·卢梭问题”。我希望这将有效阐明两位思想家的观点。这一双向转动的中心是商业社会的观念。一旦它成为我们理解这两位哲人的因素，它将会使他们的某些观点看起来互相矛盾。本章是对此明显有悖常情路径的引论。我提出如下问题：商业社会概念如何能够成为比较卢梭与斯密的基础条款？什么是商业社会？它作为一个概念的含义和历史是什么？

3

人们从必须承认，尽管“商业社会”这个术语如今普遍存在于政治思想的历史编纂学中，但从一开始，人们就没有准备理解它，也没有广泛使用它。或许，有一个清晰的观念或概念在支撑着它，但并不是说，在现代用法中，这个词就有了明确的含义。“商业社会”是斯密自己的术语。即便与其用法的强烈的理论亲和性的确存在，或许也没有其他人以同样的语言风格使用它。斯密自己对此表述的使用以历史的方式确证了商业社会，但这种确证没有特别强烈。它只不过就那样罢了。

在正常情况下，“商业社会”指的是总体上由商人或市场经济行为者构成的社会，描述了一个拥有许多商业行为的社会。为了使之成为道德、政治不平等的理论研究对象，斯密进一步拓展了这一很普通（若不是极其常见的）的含义，把它当作一种基础的社会类型。他也用这个词来描述那类拥有大量商业和市场行为的社会。对斯密而言，商业或商业交易在数量上的增长是社会变迁的重要指标。从他对希腊城邦的论述中，我们将会看到，他把社会中交易行为数量的增加当作一个指标，用来标志那个社会的基础工作方法（modus operandi）的质变。然后，他进一步拓展了这个词语，用它来描述其成员作为互相影响的商业个体彼此联系的社会。在这个社会里，人们进入市场时，大体上表现出商人的行为特征。斯密想要说的是，在他们自己的社会中，社会关系成了市场式的，由这些市场联络人渴求、需要的效用统治着。

这个社会的成员是否彼此发生了大量交易，并非关键问题。在这样的社会中，他们是否以商人的方式彼此关联，这才是关键问题。商业社会首先是内在地以商业的方式构成，而非通过它的外在行为构成。商业社会的概念描述了这一社会成员的构成性道德品质，而非真实的物质交易行为本身。在传统上，基督徒激烈地批评商业社会。在传统意义上，基督教商人的合作关系可能意味着一个商业协会或贸易社团。但他们外在的贸易行为不会必然地将其团体转变为斯密意义上的商业社会。他们的团体能够保留一个基督徒成员的社团，大量的（至少在理论上）利益、友爱、团结将把它黏合在一起。然而，当他们开始以商人、市场行为者，而非基督徒兄弟的身份彼此行动时，他们将在完全的斯密式意义上成为一个商业社会。　4

商业或市场社会很明显是一种基本的社会类型。对此，我们应该准备好，以便能够在此名称下来理解它。尽管在今天，“商业社会”这个词风行学界，但它却常常在有失理论精准的意义上遭到误用。事实上，作为一个理论范畴，商业社会几乎完全不能得到正确使用。当然，这种问题是政治论述的普遍特征。大部分政治话语的核心范畴都没有适当的命名，或被广泛接受的名字。我们使用许多模糊、含混的描述符号来言说与书写。在“国家”这个词的四周，边界在根本上是模糊含混的。我们或许只要提起这一点就足够了。什么是现代国家呢？事实上，关于这个问题的答案，商业社会问题是一个特别重要的构成部分。我用“商业社会中的政治”作为此书标题。这个短语涉及的诸多问题都与如何确定最匹配商业社会的国家类型有关。

尽管人们原本可以期待，某种进步会紧随历史语境主义的新进发展出现，但是，为我们的核心政治范畴命名仍然颇为困难。这种难处不是一个新问题。经验表明，语境主义能够帮助我们在历史政治论述中识别特殊的言辞风格，但是，当我们要为那些超越语言风尚的关键概念命名时，它却较少有成效。在确定“共和国”或“共和主义”之含义，或特殊自由类型的含义时，想想我们要涉及哪些臭名昭著的问题吧。给政治现象或概念命名的模糊性不仅对历史学家来说是一个问题；它也深深地嵌入在历史主题的问题自身当中（只要想想希腊语 *polis* 和拉丁语 *civitas* 这样的关键词的不可译性），而且，它也常常会持续很长时间。

5 “商业社会”这个短语最先出现在 18 世纪的政治话语语境中。如果有一种晚期类型最富成效地抓住了它的意义，那么这种晚期类型是什么呢？或许，最知名的现代标志是德国社会学家费迪南德 · 滕尼斯在 1887 年对社会（*Gesellschaft*）与共同体（*Gemeinschaft*）的区分。现代美国社群主义政治话语便从中发展出来。[1] 滕尼斯是一个政治思想史家，这一点很重要。他是一个研究霍布斯的学者。在根本上，他

[1] Ferdinand Tönnies, *Gemeinschaft und Gesellschaft: Abhandlung des Communismus und des Socialismus als empirischen Culturformen* (Leipzig: Fues's Verlag, 1887).

的诸范畴是对普遍存在于霍布斯《法律诸要素：自然与政治》（一个由滕尼斯编辑的文本）和《论公民》中的术语的翻译。只要理解这一事实，我们就可以给滕尼斯的诸范畴重建许多历史含义。因为，它允许我们不像通常那样做出判断，认为斯密和卢梭是滕尼斯的先行者，而是看到：滕尼斯事实上将许多更古老的政治话语范畴吸收到了现代用法之中。这样就消除了先入之见（剑桥学派一致同意拒绝的一种罪恶），若实践上并非总是如此，至少在理论上是这样。一些政治思想史家为此感到沮丧：人们在英语政治思想史中绝不能摆脱掉霍布斯的影响；但是就社会－共同体的区分而言，若此种倒退（regress）正是其原本的样子（幸运的是，它并非一无限倒退），那它便得到了历史的证成。

在商业社会之概念谱系的语境中，我们有时候会提及黑格尔而非滕尼斯。“文明社会”（civil society）这个词的确切含义过于复杂，不便在此讨论。但是，我们能够说，黑格尔的“市民社会”或 *bürgerliche Gesellschaft* 是对拉丁词 *civitas* 的标准欧洲方言翻译——霍布斯则将同一词语（*civitas*）当作其国家理论的基线。*civitas* 也经常被译为“国家”，黑格尔的论述与国家的定义，或者更确切地说，与人民国家（*Volksstaat*）的定义有关。在一定程度上，*Volksstaat* 具有革新的意义。对黑格尔来说，国家是一个基督教或后罗马词语。它意味着比罗马国家更多的信息，因为人们将其理解为对希腊城邦（*polis*）和罗马城市（*civitas*）的现代综合。它们与基督教三位一体论的使用黏合在一起。国家的另一个名字，文明社会，意味着国家的一个要素或基础设施。它描述了罗马城市的遗产，就像是为一个无奴隶市场社会做的修改一般。 6

一种观念认为，我们必然能够为商业社会找到一种合宜的现代术语学，它能够成为卢梭和斯密（潜在地还有其他许多人）比较研究的媒介。这种观念不过是一种幻象。大部分学者使用“商业社会”这样的术语来摆脱马克思主义的话语和社会学的范畴。“资本主义”（capitalism）、“资产阶级社会”（bourgeois society）和“无机社会”（inorganic society）这类术语现在看起来像是喝醉了的、令人不胜其烦的懒散的范畴。接受术语“商业社会”的行为是与这一词语怀有善意的分离。然而，它是一次未央的旅程。本章的一个目的在于初步阐释它在政治思想中的可能用法。在下一部分，为了揭示那些允许我们获得进入文本的更富成效路径的话语的层次，我有意略为深入地探求这些范畴和概念。

在文献中，人们明确认可，滕尼斯的社会观念直接受益于霍布斯的国家观念。与之相对，人们普遍假设，共同体则是得自浪漫主义源头，后来，到了19世纪晚期，人类学和社会学将其装扮得焕然一新。这并不准确。两个概念均来自霍布斯。由于原初的霍布斯术语已被彻底遗忘，所以我们不容易识别它们。霍布斯有一对概念是“联合”（union）与“一致”（concord）。这些根本范畴在《论公民》中大量出现，在《利维坦》中却淹没不见了。《利维坦》只关心联合。滕尼斯非常熟悉他的《利维坦》。然而，他也是《法律诸要素》（*The Elements of Law*）最重要的现代编辑者。正是在《法律诸要素》和《论公民》中，术语“联合”与“一致”颇为突出。

《利维坦》的首要概念是联合，而非一致。它是支撑霍布斯的代表国家理论的根本观念。在滕尼斯那里，社会－共同体的区分表现出来是社会学的区分，是两个社会概念之间的区分。在霍布斯那里，它却有很强的政治性。一致－联合（concord-union）的区分是霍布斯攻击共和主义和抵抗理论的纲目。在《论公民》中，霍布斯通过明确拒绝人是自然的社会性存在，努力擦除掉亚里士多德的影响；因为他想要摧毁这一观念——自然的社会存在也自然是政治的。他否认自然社会性以任何形式作为国家基础的政治效力，包括商业交互作用创造的效用纽带。反之，他创建了一种间接人民主权的理论，它提供稳定与和平，但不存在任何先验的一致或前政治的社会团结。在此基础之上，霍布斯给自己冠以现代政治科学创始人的头衔。他将自己的共和国（commonwealth）或国家（state）描述为“联合”。另一种模型要求既存的共识，以及社会性中的基础。霍布斯将之称为“和谐一致”（concord）。这样，国家类型就在形式上分为两种。这一形式划分是建立在先已存的区分之上的。但是，他坚持在两者之间深深地画上一

7

条分界线，把它们区分为独立的共同体形式。他所坚持的这种做法以及他对联合之谱系的呈现都是真正的创新。

看起来，霍布斯搁置了商业社会性，认为它与其政治目的全然无关。他在《论公民》中声称，锚定在公民之“和谐”或“一致”上的持久的政体是一种无谓的希望。唯有“联合”，“和谐”的 *Gegenbegriff*（对应概念），才可以是现代国家的基础。霍布斯声称，一个联合体通过代表创造了政治单元，并假定绝对最小的共识仅仅是基于人们对生命的恐惧和自保的欲望。霍布斯拒绝了亚里士多德的人是政治或社会动物（即 *zoon politikon*）的观念，将社会共和国观念釜底抽薪。

所以，霍布斯否弃了人的内在社会性观念。他论证道，如果“人们自然地热爱同伴”，一个全球大同社会将会出现。但是，我们拥有的是杂多、独立的民族与国家，而非一个社会。霍布斯称，政治理论旨在解释这些不同的民族社会的行为，它们并非奠基于“爱一切人”，而是奠基于“爱自己”。霍布斯说，对国家的有效运转而言，“友谊”是第二位的。尽管他否认，爱在人类生活中是一种有效的力量。霍布斯承认，效用是社会的真实原因。他拥有一种完全可用的获取性商业社会性理论，尽管在他的体系中，这一社会性理论的重要性遭到了贬低。[2]

霍布斯论称，人不是一种*政治动物*。此时，他便是声称：人类缺乏能够作为政治基础的更好的社会性品质。霍布斯的创新在于提供了一种政治视野，它无须既有的和谐或一致就能作为国家基础发挥作用。今天，尽管亚里士多德的区分并非没有引起注意，但人们在此语境下提及亚里士多德的友爱观念时，就认为它是一种相反的社会性模型，即创造了一个城邦的社会性模型。但是，在此语境下，这一论点并非由斯密或卢梭直接提出。然而，颇为有趣的地方在于，我们注意到，斯密在《道德情感论》中同时处理了友爱问题与商业社会之

8

[2] Thomas Hobbes, *De Cive*: *The Latin Version*, ed. H. Warrander (Oxford University Press, 1984), I. 2.

构造。

对霍布斯来说，如果没有社会性，那么原初的或那种根本的一致也不可能。“和谐”这个词经常作为词组“和谐一致”的一部分出现在《利维坦》中，描述了这种新国家的目标。它隐藏而非展示了《法律诸要素》《论公民》中“和谐”的含义。当然，和谐也是联合的目的，是它的结果。和谐、一致对国家来说是必要的。

这里的问题是一个排序问题——和谐先于政治制度的形成或是政治制度的结果（在民族主义理论中，这是一个著名的问题，在那里鲜血或种族关系确保前国家以及后国家的和谐）。《利维坦》的和谐是第二位的后国家的和谐。这个关键问题是前国家和谐的存在，或者，在一种由霍布斯的国家创造的和谐之外，另有一种可供选择之和谐的存在。让我们最后一次回到滕尼斯，他将共同体描述为和谐的社会单元。注意到这点非常重要。在此意义上，滕尼斯给我们指出了这样一种观点，即在任何卢梭－斯密比较中，另有一个没有说明的第三人，他就是霍布斯。尽管就其自身而言，这颇为有趣。但是，如果真有一种历史联系在支持它，那么，只有这里的我们才会觉得，从滕尼斯回溯到霍布斯是有趣的。幸运的是，此种联系确实存在。在一个与霍布斯式谱系直接相关的语境中，斯密提出了商业社会的概念。

对斯密来说，商业社会是一个较低等的第二位的和谐模式，是霍布斯由联合创造的第二等和谐模型的附属品或替代品。斯密两次直接、着重地谈到了商业社会，一次是在《道德情感论》中，一次是在《国富论》中。《道德情感论》中相关的内容更为重要，因其语境与霍布斯直接有关，并且外在于以任何直接且明显方式谈论商业和政治经济学事务的框架。在这部作品中，斯密关于商业社会的讨论是其道德哲学讨论的一部分。

9 在《道德情感论》中，斯密没有用这些术语来重复“和谐－联合”的区分，然后在它们之间插入了第三个中间性的词语。潜藏于联合概念之前提下的，与其说是和谐，不如说是彻底缺乏社会性的状态。在这部作品中，斯密列举了三种社会形式：爱的社会、恐惧的社会以及效用的社会。

> 1. 在有的地方，因为感激、友爱、尊敬，人们可以向彼此提供一切必要的协助。在这些地方，社会繁荣且幸福。所有不同的成员都由爱情与爱慕令人愉悦的纽带团结在一起，并且，在一定程度上，他们也被牵引到一个能相互提供善好职能的共同中心。[3]
>
> 2. 然而，在那些任何时候都准备着彼此伤害的人们中间，社会绝不能得以维持。伤害开始的时刻，就是彼此的愤怒和敌意诞生的时刻，它的所有纽带都被撕破，化为碎片。组成社会的成员都因为暴力、不合情感的反对而遭驱逐，星散在国外。如果在盗跖和谋杀者之间还存在社会，那么根据传统的观察，在他们之间必然禁绝抢劫与杀戮。所以，对于社会的存续来说，仁慈不具有正义那般本质性的地位。[4]

斯密将第三种模型——商业社会——置于这两个极端之间，尽管是以一种非对称的形式。他声称，社会可以在没有仁慈的情况下得到维持，尽管不是存在于一种最舒服的状态中。但是，横行的不义却可以彻底地摧毁它。这个不怎么让人感到舒服的社会就是商业社会：

> 3. 出于某种效用感，不需要任何相互的爱或感激，社会可以在不同的人们中间得以维持，就像在不同的商人之间一样。尽管其中无人亏欠任何其他人以义务，或者需要感激任何其他人，它仍然可以得到依据彼此同意的估计，通过好职能的商业交换得到支持。[5]

---

[3] Adam Smith, *The Theory of Moral Sentiments*, in the Glasgow Edition of the Works and Correspondence of Adam Smith [hereafter TMS], ed. D. D. Raphael and A. L. Macfie (Oxford University Press, 1976), II. Ii. 3. 1

[4] Ibid., II.ii.3.3.

[5] Ibid., II.ii.3.2.

10　在《国富论》中，斯密将此实体命名为商业社会。[6]

就此要点而言，我们值得问一问：是否还有其他任何人为此基于效用的社会性提供了一个术语呢，如果有，那这个术语遭遇了什么事情呢？它为何会从人们对霍布斯政治理论的观察中消失（如果它的确消失了）？这个问题值得一问，因为霍布斯对最重要战略目标的强调会让我们假设：他不理解或感激其他表达；所以，正如在这个社会性案例中，他对不那么突出，却仍然重要的诸多主题的评论最不引人注意，当然也会受到低估。

友爱意味着能够创造真实和谐的政治文化或者（相反）将其搁置的高端社会性。友爱并非由霍布斯的行动提出的最富争议的问题。人们最常引用的社会性观念是，社会因需要而结合在一起的。有人论称，需要是社会的原因和城邦的特定基础。尽管这一论点经常与亚里士多德联系在一起，但它实际上并非源自亚里士多德。在这里，在此语境下，人们常常会参考柏拉图的《理想国》以及亚里士多德关于家室和对外贸易网络的描述。关于社会由相互需要所创造的观念，霍布斯当然对之轻描淡写。并且，他也记录了因此遗漏而产生的诸多抱怨。在《论公民》（1647 年）第二版中，霍布斯设计了一些长脚注回应其批评者。在其中的一个长脚注里，他回答了这些抱怨。就像稍晚些的普芬多夫，霍布斯接受，需要（*indigentia*）是社会（*societas*）一个强有力的原因，因为它是人类追求利益（*utile*）和好处（*commodium*）的助手。需要产生了稳定的社会职能，即便它完全不是与友谊或爱相类的事物。当《论公民》较早版本的批评者反对霍布斯搁置效用社会性时，他回答说，他不是“否认，我们因自然刺激（*nature cogente appetere*）而寻求他人的陪伴（*congressus*）”。[7] 人类是社会的而非孤独的造物。身处可怕的需要当中是一种真正的恶。如

---

[6] Adam Smith, *An Inquiry into the Nature and Causes of the Wealth of Nations*, in *The Glasgow Edition of the Works and Correspondence of Adam Smith*, ed. R. H. Campell, A. S. Skinner, and W. B. Todd (Oxford University Press, 1976), I. iv. 1.

[7] Hobbes, *De Cive,* 1.2 annotation.

果他们孤单地生活，孩子就活不下来，成人也不能“活得很好”。经久不衰的动物和人类社会间的比较是正确的。人类是柔弱的，缺乏令人畏惧的野兽的自然武器（角、牙、螯刺。为了建立其“非社会的社会性”，康德后来采用了相同的论点）。然而，动物性需要是有限的和确定的，尽管身体柔弱的人类具有其他能力。实际上，社会让人能够获得人造的武器（剑与枪）。它们令在动物中发现的任何事物都黯然失色。霍布斯热情地赞美艺术与科学，认为它们是“人类生活巨大优越性”之原因。他声称，语言——社会性沟通媒介——使人类享有对动物的巨大优势。语言产生了计数的能力，数学能力则产生了科学，科学则导致了高度的物质文明。[8] 卢梭和斯密都重复了同样的表述。在后续分析中，我们对此必须加以关注。

总而言之，霍布斯承认，物理需要是社会通过效用发生作用的重要原因。然而，他强调，人类的另一种需要产生了社会：他们需要其他人的承认。这是一种心理需要，与物理需要一样强大，具有原生性。若不创造社会，寻求承认的冲动便是强大的，并且不可能得到满足。然而，霍布斯强调，这是一个强大的破坏性的需要。承认将自己表达为寻求优势的欲望（以及类似的欲望），它是一个零和游戏，产生赢家与输家。所以，效用性的经济社会性是添加剂。除非通过承认中的严格平等，寻求承认的心理需要就不能成为添加剂。但是，霍布斯否认存在这种严格平等的可能性。霍布斯声称，心理需要的动力倾向于压倒生理需要的动力；心理而非生理需要才是理解政治的基础。

在霍布斯的图景中，能够产生和谐的强大的社会性遭到了忽视。留存下来的是效用与骄傲之间的一场争斗、一次对抗或一种张力——随你愿意把它称为何物。霍布斯声称，理解政治必须涵括对骄傲、追求荣誉或虚荣的分析。易言之，他声称理解政治源自承认的政治学，

[8] Hobbes, De Homine, trans. C. T. Wood, T. S. K. Scott Craig, and B. Gert, in *Man and Citizen*, ed. B. Gert (Atlantic Highlands, NJ: Humanities Press, 1972), chap. 10, sect. 3–5, pp. 39–43.

12 而非市场和经济合作（这里可被理解为独立于承认政治学的联结，正如霍布斯不像每个人一样对其有很好的了解）的政治学。无政府状态是虚荣的作品。霍布斯声称，骄傲或自尊（*amour-propre*）导致了崩溃，并因此需要一种联合。既然这是一本关于卢梭与斯密的书，而非讨论霍布斯的书，那么值得一提的是，卢梭在《二论》的结尾重复了这一相同的论点。可以说，支持霍布斯的关键论点是卢梭《二论》的目的之一，也是他对孟德斯鸠论断之批评的中心部分。孟德斯鸠称，自尊与商业的结合是支持现代欧洲君主制社会与经济动力的主要稳定因素。我将在后续章节对此加以讨论。

在 17 世纪 40 年代，同时代的人对霍布斯提出了挑战。这些挑战奠定在这样的基础上，声称效用的融合社会性应该被视为一种与承认政治缠绕在一起的在场的力量，它应该以这样的方式维持在游戏当中。承认政治是霍布斯而非卢梭与斯密的发明。我将在后续章节对卢梭进行诠释，这是其中的一个重要观点。此处的要点是，商业社会性观念有一个目标，就是拯救需要与相互需要在人类社会中的重要性。一方面，商业社会性观念分享了霍布斯对政治动物观念（以及所有能够产生和谐一致的强社会性相关版本）的搁置。另一方面，它却从霍布斯的如下论点中撤出：承认政治完全压倒了作为人类联合中一种积极社会性力量的效用。

这一拯救最先由萨缪尔·普芬多夫（Samuel Pufendorf）正式确定。他的创新就是用霍布斯自己的语言重述这一本质上为新亚里士多德主义的观点，以及通过施展霍布斯自己的方法与修辞，发展出一种独立的自然状态塑形程序。这一程序首先适合解释社会的起源，而非直接解释政治或国家的起源。后来，将亚里士多德主义注射进霍布斯论述的做法被称为社会主义，因为它依赖社会在自然法理学坚固的效用结构中的基础性存在（而非政治动物的深厚的社会性）。我不是要论证说，卢梭、斯密是社会主义者。他们不是，这很重要。我们将会看到，社会主义的孩子是效用主义（utilitarianism）。在 18 世纪晚期，凯撒·贝卡里亚（Cesare Beccaria）被其意大利的基督教批评者
13 指控为一个社会主义者。在 19 世纪，这一特殊的社会主义传统被重

命名为个人主义。在许多方面，现代社会主义者不是原初的法理和效用社会主义者的继承人，而是它们的敌人。皮埃尔－约瑟夫·蒲鲁东（Pierre-Joseph Proudhon）和卡尔·马克思（Karl Marx）是著名的例外，但是，这的确并非本章或本书的主题。[9]

阿伯特·赫希曼建议，我们应该在一种马基雅维里式的或国家理性的话语中来理解这些发展，比如激情与利益之间的对立。这里的建议是，商业社会拥有一个以效用和骄傲之对照与对立为基础的底部加固的概念框架。强社会性将是第三个术语。相比其激情与利益之间的对立，人们将谈论效用与作为现代商业社会之假定稳定因素的自尊之间的对立。这是康德所谓"非社会之社会性"的等式，并且论称，其分析掌握了发展一门社会科学（亦即，一门社会的科学）之可能性的关键。斯密描述为商业社会的事物正是康德所谓的"非社会之社会性"（*ungesellige Geselligkeit*）[10]。康德的术语颇为有用，因为他使这个概念成为故意的逆喻，或至少是折中主义的表述，一种以退为进的表达。这是一种人类确实能够实现的可能性。依据康德著名的比喻，人类由可弯曲的材料构成。

正如"商业社会"一样，"非社会之社会性"仍然是一合宜的术语，带有一位杰出但怪僻的思想家的印记。人们如果不是从未见其被重复，那也不经常见到。另一方面，人们在 18 世纪看到的，是为这些立场使用代理术语。在使用这些代理术语时，最重要的方法是在现代与古代立场之间，尤其是在道德哲学中建造指示性联合。每个人都研习古代思想和古代史。我们可以将每一个现代立场描述为恢复古代态度的努力。我们可以把思想家描述为新柏拉图派、新亚里士多德

14

[9] 关于普芬多夫的社会性理论，以及 18 世纪的"社会主义"，参看 Istvan Hont, "The language of Sociability and commerce: Samuel Pufendorf and the Theoretical Foundations of the 'Four-Stages' Theory," in *Jealousy of Trade: international Competition and the Nation-State in Historical Perspective* (Cambridge, MA: Harvard Belknap, 2005), pp.159-84。

[10] Immanuel Kant, "Idea for a Universal History with a Cosmopolitan Aim," trans. A. W. Wood, in *The Cambridge Edition of the Works of Immanuel Kant: Anthropology, History, and Education*, ed. R. B. Louden and G. Zoller (Cambridge University Press, 2007), p.111.

派、新斯多葛派、新伊壁鸠鲁派等。每一个名称都可与基督教混合或者并列。更重要的是，人们可将现代冲突视为古老冲突的重演。命题和反题至少以某种方式为人们知晓。人们也很容易识别诸种创新或缺乏创新。

对此事实给予关心颇为重要，因为它是恢复18世纪风格与思想的一部分或片段。然而，方法论上的谨慎势在必行。在最近的学术中，这些新古代范畴不仅被重新发现，也被当作是具有历史有效性的指针，标志着由它们命名的18世纪的道德、政治哲学立场。它们的历史属性无可置疑。实际上，我们当前遭遇的相同困难——如果不将其名字贴附到一个历史的或伪历史的谱系中，那么，这些立场的命名就变得十分困难。为了避免这一困难，这些形容词（如斯多葛派和伊壁鸠鲁派）被当作替代范畴，得到广泛使用。挑出古代立场的某些特点，用它们来指代某种现代立场；无论过去、现在，这些都是贴标签的手段。它们深度各异，对其确切含义的辩论也无处不在。我们不得不在它们得以应用的确切深度上重新发现这些标签，把它们当作替代物与争论工具。在今天，为了现代宣称的目的，运用古代道德哲学中的标签是一种引发争辩的做法。这种做法在那时也颇具争议。在18世纪的用法中，人们就为此给出标签。与之相比，在任何地方，我们今天并未采取更为复杂的处理方式。如果我们用精致的现代重构替换这些古代立场，那么，即便它们有助于廓清当下的哲学含义及概念可能性，它们也会阻止我们对早期现代和18世纪辩论的理解。当然，在整个18世纪，哲人们都使用了这一技术。但是，如果超越这一层次来使用它就无所助益了，就翻阅到了语境之外。

尽管通过搁置亚里士多德的政治动物观念，霍布斯开启了他的政治哲学讨论，但是，他不以社会性为基础来重构关于社会的辩论，这却避免了与柏拉图或亚里士多德的统一。相反，它是根据晚期希腊或道德哲学希腊化学派间的对比来行动的，通常依据的是伊壁鸠鲁派和
15
斯多葛派之间的对张。伊壁鸠鲁主义、斯多葛主义的许多方面得到了强调，但在根本上，伊壁鸠鲁主义象征着这一立场：人的根本社会性遗失了，或变得极端柔弱。然而，斯多葛主义则表现为社会性理

论的替代物。斯多葛派和伊壁鸠鲁派是道德哲人。当讨论不是关于他们的宇宙论，他们的学说便被描述为代表了道德哲学的根本类型。在此类理解中，斯多葛派象征着德性与道德优先于幸福和效用。伊壁鸠鲁也被认为是一很有道德的个人，他被描绘为使道德成为实现幸福的工具。道德哲学的教师常常用斯多葛派与伊壁鸠鲁派间目的与手段的根本区分来开启他们对道德的讨论。人们更通常认为，这类讨论的原始文本是西塞罗的《论义务》（*De Finibus*），因为它包含了对这两种定位的全面讨论，也包括了对其弱点的展示。在18世纪50年代，亚当·斯密在其道德哲学史讲座中使用《论义务》。与他差不多同时代的伊曼努尔·康德在柯尼斯堡做同一主题的讲座时，也使用了《论义务》。此后，我们将有机会简要考察一下斯密对《论义务》的使用。但是，作为一篇导论，让我们看一看康德在《伦理学讲义》[11]中如何清晰定义这些古代学派，这是有用的。

我在这里并不是将康德当作一个基于其后期批判道德哲学的权威来使用，而是将其作为斯密和卢梭同时代的支配文本来使用的。正如我们在后面将会看到的那样，通过在原初的古代立场类型学中特别增加犬儒派和第欧根尼派，康德为卢梭在其道德哲学史中的替代物制造了空间。康德将《论义务》作为出发点，论称古代道德哲学家开始于“至善”（*summum bonum*）或“最高善”（supreme good）的定义。最高善由肉体意义上的善（physical good）和道德的善（moral good）构成。每一种善都通过对手段和目的的讨论联系在一起。根据康德，伊壁鸠鲁相信，幸福是目的，道德则是实现幸福的手段。斯多葛派创始人芝诺则教授相反的道理。对斯多葛学派而言，道德是目的，幸福则是道德之结果。斯多葛学派教导道德的首要性，伊壁鸠鲁主义则将道德描述为追求幸福的结果——它是某种重要的东西，但却是第二位的。就其根本而言，正是道德哲学中目的与手段之对勘提供了支撑 16

[11] Immanuel Kant, “Moral Philosophy: Collins’s Lecture Notes,” trans. P. Health, in *The Cambridge Edition of the Works of Immanuel Kant: Lectures on Ethics,* ed. P. Heath and J. B. Schneewind (Cambridge: Cambridge University Press, 1997), pp.44–54.

18 世纪讨论的模型。在此辩论中，道德之首要性与社会性之首要性结合起来，而道德之缺乏或至少是原初的缺乏则与对人类原初社会性的否定结合起来。结果便是，斯多葛派和伊壁鸠鲁派之间的差异转化为社会性问题上的对立。社会性问题则是支撑道德与政治哲学的人类学范畴。现代准则以相应方式得到构建。在人们的描绘中，霍布斯是一个否定人之社会性的人。他因此被认为是伊壁鸠鲁派。很清楚，在他的自然状态中，社会性蒸发掉了，或降到了一个不充分的最小值。任何类似的假设，或其近似值也被描绘为伊壁鸠鲁派。尽管人们不能经常找到“商业社会”的表达，或许多对它的清晰讨论——也许标志性地排除了普芬多夫——当自然状态概念及其变体的价值和使用遭遇危机时，人们常常会遇到对伊壁鸠鲁主义的指控。

这类关于道德的辩论与关于社会性的辩论间的直接联系并未在每一个早期现代传统中出现，但是亚当 · 斯密尤其是在这个传统中，由他从格拉斯哥大学的老师和前辈弗兰西斯 · 哈奇森处得到教育。哈奇森从其前辈那里继承了一门围绕普芬多夫思想组织起来的自然法理学和道德哲学课程。他交错地使用道德和社会性的概念。他守卫着道德与社会性，并将自己描绘为现代基督教斯多葛派。他轻视并攻击伊壁鸠鲁主义。尽管普芬多夫可被合法地看成是霍布斯的批评者和基督教社会性的支持者，对哈奇森来说，他是某类霍布斯主义者，因为他接受了霍布斯的自然状态方法论来讨论社会性，所以，至少在第一个例子中，他从效用中衍生出社会性。哈奇森教导斯密搁置这些定位。

17

尽管在学术论述中，哈奇森将普芬多夫当作是一个目标，他真正的敌人却是伯纳德 · 曼德维尔，《蜜蜂的寓言》的荷兰作者。哈奇森将曼德维尔视作道德与德性政治的双重敌人。哈奇森认为曼德维尔是一个危险的伊壁鸠鲁派。在爱尔兰，哈奇森加入了一个共和思想家组织。当他后来受命担任道德哲学教授时，他又将共和国的思考引回格拉斯哥。在他的教室里，年轻的亚当 · 斯密获得了共和政治以及基督教新斯多葛伦理的学理介绍，其基础是一种对商业社会以及与霍布斯、普芬多夫、曼德维尔的大名结合在一起的那种浅薄社会性的发自内心的厌恶。哈奇森的大作《道德哲学体系》是对其在爱尔兰和格拉斯哥教学事业的总结。他将其描述为一种混杂物，可能意味着他将其当作是哲学术语不太成功的杂糅。他的意思很可能是指，在其时代统治着学院自然法理学的后普芬多夫框架中，他不能充分地表达其斯多葛主义和共和主义。但是，这个术语有助于将其道德和政治立场从打扮好的法学妆容中分离出来。当它们在一起使用，坚持需要对人类社会性采取强有力的内在道德立场时，他的道德、政治哲学及基督徒身份就变得连贯一致了。

正是在这一点上，我想要引入“让－雅克·卢梭问题”（Das Jean-Jacques Rousseau Problem）。这是本章的副标题。当然这是一个笑话，但这个笑话却有着严肃的意图（它与厄恩斯特·卡西尔关于这个问题的平行短语——让－雅克·卢梭疑难［the question of Jean-Jacques Rousseau］——略有区别）。这个短语模仿了所谓的亚当·斯密问题——长久以来，它都被认为是理解亚当·斯密的核心绊脚石。此“问题”是亚当·斯密已经出版的两部主要作品的不幸后果。这两部主要作品分别是《道德情感论》与《国富论》，一部为道德哲学著作，另一部则为政治经济学作品。亚当·斯密问题在根本上与一致性有关。它的基础是一哲学假设，即市场和市场理论家缺乏道德。亚当·斯密问题以误解为基础（事实上，只是简单地缺乏对《道德情感论》的知识）。人们假设，《道德情感论》是一部真正讨论道德的著作，从而认为它与斯密这个热心鼓吹自由贸易的政治经济学家不相符。结果，人们假设，斯密在写作此两部著作时，在法国伊壁鸠鲁派物质主义者和法国启蒙运动重农学派的影响下改变了想法。 18

作为一个传记故事，在 19 世纪的终点，这个方案就遭到了结论性的拒斥。作为一个哲学故事，亚当·斯密问题归因于迟钝的德国心灵。这是为何此术语（瑞士德裔经济学家奥古斯特·奥肯于 1898 年创造）现在总体上不再得到人们赞赏的一个原因。人们经常指出，《道德情感论》就像《国富论》一样，是一种对商业社会的分析。这两部著作在分析同一目标。尽管这是真的，对这个问题的忽视会让我们错过原始问题。我们能够或者应该认为商业社会或任何对它的分析是道德的吗？亚当·斯密如何在这个未加承诺的基础上，成功实现合乎道德的榨取？如果他的确将商业社会当作道德之源来分析，那么他真是顶着霍布斯主义和伊壁鸠鲁主义之风航行。在这个场景中，正如许多现代评论家假设的那样，这两部作品将具有一致性，因为它们都没有道德内容。正如我们将会看到的，许多斯密的苏格兰同时代人都对《道德情感论》持有这种观点。在这部作品稍后的地方，我将对此一问题做一番讨论，它将会是我在斯密与卢梭之间进行某些比较分析的主题。

在某种意义上，一般人推定的让-雅克·卢梭问题是亚当·斯密问题的反面。如果斯密被认为是其时代商业现实和政治的辩护者，卢梭如果不被认为是最不妥协的批评者，也可以宽泛地被认为是最不妥协的批评者之一。如果在关于商业社会的道德、政治定位之间结成联盟是正确的行为，那么卢梭本应该是一个强大的、反伊壁鸠鲁派的道德主义者。但是，借助任何想象力的延展，他并不是那一类道德主义者。对他的大部分朋友来说，这个明显的事实使得诠释卢梭在那时和现在都很困难。其道德人类学和政治学中间存在矛盾，这也是亚当·斯密问题的一个版本。有意思的是，很可能是亚当·斯密最先在印刷品中指出这一问题。卢梭《论不平等的起源》出版于1755年4月末，斯密对这部作品的评价显得较一年之后要低。1756年3月，在短命的首份《爱丁堡评论》(*Edinburgh Review*)第二期（结果也是最后一期），他为《论不平等的起源》撰写了评论。在这里，斯密首先叙述了其老师哈奇森所属的那一代人在不列颠取得的成就，随后，19 他就评论了法兰西道德哲学所处的状态。斯密声称，更早一代的不列颠道德学者确有创见，但自18世纪40年代以来，道德哲学在法国颇为有趣地活跃起来，并且人们也期待，下一波富有创见的作品会从这一区域产生。他也曾评论其他作品，但是，他在此语境下对卢梭的讨论要比他对任何其他作品的讨论都具有更长的篇幅。与其年纪常见的情况相符，他对卢梭的讨论也很直率，富有分析性，且公开地具有挑衅性。

记住，斯密是哈奇森持有异见的学生。哈奇森也已经表明，共和主义——关于社会性的强势立场，以及新斯多葛主义可以综合成为一种完美统一的论述。斯密看到，这个日内瓦人是一个强劲的共和派，他用柏拉图式的高贵书写这一政治信条，他精确地赞美《二论》结束语里值得推荐的爱国主义。卢梭将那段结束语献给他的家乡。然而，评论的亮点，最富戏剧性的陈述是，卢梭写作的道德、理论陈述非常类似于，并且可能受益于哈奇森的主要敌人伯纳德·曼德维尔。斯密并未提及作为"私人之邪恶是公共之利益"这一悖论作者的曼德维尔。这是曼德维尔早期著作的口号。这部著作是他在1704年对詹姆士党人的费奈隆主义（Fenelonianism）的攻击，后来，他又在1714年对其加以扩充。[12]斯密并未将卢梭与曼德维尔的《蜜蜂的寓言》等而视之，却指出了《二论》与《蜜蜂的寓言》第二卷（源自寓言的原本独立的作品，最先出现在1728年，以曼德维尔1732年论荣誉和爱国主义概念的书作结论[13]）之间的类似之处。《蜜蜂的寓言》原本是对费奈隆（Fenelon）的《特勒马科斯》（*Télémaque*）的批评；第二卷则是曼德维尔的"敌沙夫茨伯里"[14]。这是一部聚焦于社会性和道德之基础的作品。很明显，这是一部围绕自尊的观念和词语旋转的作品，努力创造与之相等同的英语，并创新性地创造带有相反道德含义的循环。斯密毫不犹豫地认为卢梭立场之基础是：从对人类自然社会性的否定出发，并像曼德维尔一样构建一种历史，这种历史能够解释现代文明更为精致的道德、文化特征如何浮现出来。 20

他注意到，曼德维尔和卢梭从一个不同的角度来到这个主题面前，但共同的因素却是清晰的。"他们两人都假设，"他写道，"人的身上没有强大的必然决定人因自身原因寻求社会的直觉。"[15]这是一

[12] 就此，可以参看 Istvan Hont, "The Early Enlightenment Debate on Commerce and Luxury," in *The Cambridge History of Eighteenth-Century Political Thought*, ed. M Goldie and R. Wokler (Cambridge: Cambridge University Press, 2005), pp.377–418。

[13] Bernard Mandeville, *An Inquiry into the Origin of Honour; and the Usefulness of Christianity in War* (London: John Brotherton, 1732).

[14] 参看 Hont, "Early Enlightenment Debate," pp.377–418。

[15] Adam Smith, "A Letter to the Authors of the Edinburgh Review," in *The Glasgow Edition of the Works and Correspondence of Adam Smith: Esseys on Philosophical Subjects*, ed. W. P. D. Wightman (Oxford: Oxford University Press, 1980), p.250.

种共和主义，它避免了曼德维尔的粗俗，但却从哈奇森式共和主义相反的基础出发。根据流行的道德理论陋习，这是伊壁鸠鲁式的或霍布斯主义的共和主义。斯密注意到道德基础上特殊的一点，卢梭在这里批评曼德维尔，并且在这个盎格鲁－荷兰作者的基础上予以极大的改良。曼德维尔承认人类构成中另一个相关的直觉或情感：怜悯或同情他人痛苦的能力。对曼德维尔来说，这是一个具有强烈自我中心主义色彩或自私的行为。然而，斯密注意到，根据卢梭，与之相比，潜在的同情机制能够产生更多东西，亦即它能够产生德性——更确切地说是德性的复数形式，曼德维尔的自私体系所否认的一切德性或值得赞美的行为模式。我们可以将某类立场与伊壁鸠鲁主义关联起来。斯密通过一种与此类立场十分接近的方式补充说，对卢梭而言，产生德性之机制并非德性本身，因而是一种与社会地位无关，可在每人心中运行的机制。斯密在此暗示了一种地位——即便一个人在社会中的文化地位并不具备任何其他的高端属性，它也能够产生道德文化。对他来说，这是每人都可参与其中的民主道德文化之基础。

斯密笔下的卢梭是一个升级版的曼德维尔，他也赞同卢梭对这个荷兰人做出的改进。可以说，他自己在《道德情感论》中的工作采取了相同的战略。这部作品的奠基石是卢梭借以超越曼德维尔的洞见：将怜悯机制推广到每一个可认知的道德模式上。任何对亚当·斯密问题的澄清都必须评价这一努力——把怜悯直觉当作此类道德原型来使用——或者作为一种真正的承诺类型的道德理论，或者认为它是一个败笔，因为它始于一个错误的基础。同样的评价也适用于让－雅克·卢梭问题。评价卢梭的共和主义须要澄清卢梭政治学这一起点的结果。在他的时代，人们经常把卢梭描述成一个伊壁鸠鲁派或霍布斯主义者。人们应该研究这一指控中的真实成分。在任何情况下，政治经济学家斯密和政治经济学的首要批评者卢梭看起来分享了共同的道德基础。这本身就值得做一番深入透彻的考察。

21

无论斯密如何赞美或钦慕卢梭的道德出发点，他都不支持卢梭的政治思想。我们完全不清楚，他是否本可能强烈反对卢梭的共和主义，但是，他对卢梭论述道德和政治的两个部分的联结方式持激烈批评态度。卢梭对早期人类历史做出了与人迥异的评价——曼德维尔认为人类早期历史颇为凄惨，很明显，他最终得出的结论与曼德维尔的观念截然相反。斯密认为，卢梭运用田园小说和绘画工具才实现了他对早期人类历史的评价。这完全不是赞美，就像柏拉图主义优雅的修辞成果仿佛也是一种讽刺性的标志。斯密称，卢梭施展了一些哲学化学。当然，这不是对精明操作文本或概念的简单描述。休谟用哲学化学的观念来描绘法国道德学者的技术，他们发展出彰显道德生活之伪善的自私体系——展露任何明显的道德或社会行为背后的自私动机。[16]依此，卢梭显得好像是拉罗什富柯或曼德维尔讽刺作品的巧妙模仿者，但却以一种相反的文学类型伪装起来。甚至更为重要的是，斯密激烈地批评卢梭关于正义和政治起源的观念。他准备接受，骄傲或自尊的观念是历史发展的产物。如下观念共存于曼德维尔和卢梭作品之中：正义和政府是自尊、人类寻求高人一等之欲望的产物。但是，斯密对此观念避而不谈。斯密将卢梭的观点概括为："维持当前人间不平等之正义法律原本是狡黠和强者的发明，目的是维持或获取高于其同伴的不自然、不正义的优越性。"[17]斯密对此未加评论，但是，但凡读过其作品的人都知道他不会认同。 22

图画是非常清楚的。如果此种诠释正确，斯密和卢梭拥有共同的道德基础理论，也可能共享某些政治目标和梦想。在此评论中，没有任何真实标志表明，斯密不赞同共和主义。我们也从法国旅行者巴泰勒米·福雅·德·圣方德（Barthélemy Faujas de Saint-Fond）的报告中知道，斯密表达了对卢梭的崇敬，明白地告知福雅·德·圣方德说，"卢梭的社会契约论将会在光阴中为他所遭受的迫害复仇"。[18]但是，关于卢梭将其计划的两个目的相结合的方式，斯密确实不认同。至

---

[16] David Hume, *An Enquiry concerning the Principles of Morals*, in *The Clarendon Edition of the Works of David Hume*, ed. T. L. Beauchamp (Oxford and New York: Oxford University Press, 1998), A2.1–4; SBN295–297.

[17] Smith, "Letter," p.251.

[18] Barthélemy Faujas de Saint-Fond, *A Journey Through England and Scotland to the Hebrides in 1784*, ed. A. Geikie, vol.2 (Glasgow: Hopkins, 1907), p.246.

少，对于卢梭在斯密评论的文本《论不平等的起源》（关于这个作品的独特性，我将在后面谈得更多一些）中采取的方式，斯密确实不认同。确实，如果斯密和卢梭分有一种道德理论，至少在某一点上，两种不同的政治视野附着在相同的道德基础和社会模式概念上。更准确地说，不同的政治理论附着在道德理论上，导向非常不同的共和主义版本。对此命题加以探讨是本书的核心目的。

现在，我进入了本章的最后一部分。卢梭和斯密共享的另外一样事物是野心。他们差不多在相同的时间，18 世纪 50 年代中期为政治思想中的宏伟方案发展出了非常类似的规划。孟德斯鸠的《论法的精神》给他们都留下了深刻的印象，或使之受到困扰。他们都感到，它并未充分理论化，或者说其理论沉没在无数事实和经验分析的海洋里。他们也都感到，人们需要一部可与格劳秀斯的《战争与和平法》（*On the Law of War and Peace*）比肩或比它更好的讨论政治的系统著作。《战争与和平法》是自然法理学和国际法之现代传统中的奠基性文本。当斯密在 1759 年出版《道德情感论》时，他宣告了他的下 23 一部作品将会是什么。它并非《国富论》，尽管这部计划中的作品与之有所重叠。我们也知道，《国富论》中的一整卷——第三卷，就源于这一计划。关于古代道德主义者讨论正义问题的著作，斯密表达了不满之意。他也悲叹，现代各民族的法体系没有任何规范性的大师之论可以依仗，以便获得发展或进行法律批评。“不同国家的法律在完善性和改良程度上参差不齐。我们可以期待，法学家的理性本应对此产生一种质询：什么是独立于所有实定制度的自然正义法则”，这将产生“贯穿一切国家之法律并成为其基础的普遍原则的理论”。因此，他也继续表达其雄心：

> 看起来，格劳秀斯试图给这个世界带来一个由那些原则构成的体系，或任何与之类似的事物。这些原则应该贯彻在所有民族的法律中，并成为其基础。尽管不完美，但是，他关于战争与和平法的论述或许在今天仍然是就此主题给出的最完整的作品。我

> 将在另一部作品中努力论述法律和政府的普遍原则，论述它们在不同时代和社会阶段中经历的不同革命。这不仅包括了那些与正义相关的事务中的革命，还包括与政策、岁入、军队以及一切其他法律对象相关的事务中的革命。[19]

与此相似，卢梭也在自传中报告说，他意图写作一本论政治制度的书。在这本书里，他想要回答那个关于可能存在的最好的政府形式的大问题。这就要求他对另一个问题做出回答。据他说，此问题与第一个问题不同，却是随之产生的："什么是因其本性就使自身最接近法律的政府？根据这个问题，什么又是法律呢？"[20]我们知道，卢梭的《二论》《论语言的起源》以及《社会契约论》就属于这一计划。根据卢梭的描述，格劳秀斯派或许提供了系统性的灵感。但是，他也清楚表明，他并不认为格劳秀斯和霍布斯在其政治权利概念上有所不同。卢梭写道，有些人赞美格劳秀斯却拒斥霍布斯，他们表明，他们对基础问题的理解有多么浅薄。[21]他的确理解了霍布斯，但他从未完成全面修订霍布斯的计划。 24

很清楚，卢梭和斯密的野心非常接近，几乎等同。类似地，他们的工作仍然没有完成。即便在《国富论》和《社会契约论》这样完整的著作中，我们所拥有的一切也不过是碎片罢了。遗失的体系很可能无法得到充分重建。但是，它们的纲要、意图以及主要的理论推力则大部分有可能重建。如果我们想要理解这些思想家，认为他们不只是一个僵死文本的作者，也是仍然存在于我们当代理论中的精魂，那么这些重建就应该发生。系统地比较他们的政治学很可能会有所帮助。

---

[19] Smith, *TMS*, VII.iv.37.

[20] Jean-Jacques Rousseau, *The Confessions and Correspondence, Including the letters to Malesberbes*, ed. C. Kelly, R.D.Masters, and P. Stillman, trans. C. Kelly (Hanover, NH: University Press of New England, 1995), book 9, 2.1, p.340.

[21] Jean-Jacques Rousseau, *Emile or on Education (Includes Emile and Sophie; or, The Solitaries)*, trans. and ed. C. Kelly and A. Bloom (Hanover, N.H.: University Press of New England, 2010), p. 649.

这正是此书的雄心。无疑，我在这些页面中的命运将会与那两位原初作者的命运一样。然而，如果这一设计的要点及其需要变得清晰，我就已经完成了我的目标。如果有人研究了西方当下国家形式的意识形态史——现代代议制和商业共和国的意识形态起源——人们就能准备看到，这是卢梭与斯密之作品彼此综合的结果。如果他们完全相配，那可能只是因为两者都是商业社会理论家。尤其是，我们可以认为，伊曼努尔 - 约瑟夫 · 西耶士的政治思想是这两者的混合，锚定在由代表性劳动创造的商业社会之理论当中。[22] 卢梭与斯密的大政治理论虽已遗失，但如果我们重构其计划的模样，我们就能够对这一融合做出判断，并洞晓在霍布斯之后得到理解的现代国家地位的一些内在秘密。

[22] Emmanuel-Joseph Sieyes, “What Is the Third Estate?” , in *Political Writings, Including the Debate between Sieys and Tom Paine in 1791*, ed. Michael Sonenscher (Indianapolis: Hackett, 2003).

第二章

25

商业社会性：亚当·斯密问题

我在第一章论道：卢梭与斯密在他们的道德理论中分享了一个共同的基础，我们因此能正当地认为，在卢梭的道德和政治哲学中，我们可以看到一个所谓的亚当·斯密问题的类似物。我认为，两人均把如下观念当作事实加以接受：首要的或内在的社会性原则可以成为道德与政治之基础，但人性不包含任何此类社会性原则。结果是，对卢梭和斯密来说，社会必须由人性中能够产生次阶类型社会性的其他方面予以支持。我也认为，商业社会观念之得以发明，就是要描述这种在历史中产生的，在此意义上是第二位而非原初的社会形式。

在这一章稍后的地方，我假设卢梭和斯密的政治学必须被看作是商业社会的自然结果，据此假设，我将努力描述能够在此基础上建立起来的那种政治学。我在第一章注意到，当斯密评论卢梭最著名、最富影响的著作《论不平等的起源》时，他热情地支持了卢梭对道德基础的洞见，却激烈批评了卢梭试图从中推演出一种政治理论的做法。 26 这一批评不是一种对价值判断的表达。然而，卢梭没有直接在人的最小社会性提供的基础上发展出政治的历史。斯密反对卢梭的做法，认为这是一大败笔。关于商业社会中的政治，这两人在形成其视野的方式上具有重要差异，这个批评是此差异的首个标志。我以澄清这一政治分歧问题为目标。然而，在这一章里，我仍想聚焦于卢梭和斯密道德视野间密切的家族相似性。易言之，我仍然追求这个理念：我们能够在亚当·斯密问题和让－雅克·卢梭问题之间画一组有价值的平行线。

我以斯密为起点，并在这章的大部分地方都会跟他在一起，因为，为了能够完成一种比较研究，我须要以适当的方式来安排斯密道德思想的结构，让人们容易看见它与卢梭观念间的相似与不同。在我看来，有一个初步证据确凿的案例，它让我们看到卢梭对《道德情感论》的影响。斯密的评论包括了他对卢梭《二论》中三个长段落的翻译。后来，在《道德情感论》中，尤其是在讨论效用对塑造发达商业社会具有何种作用的那一章里，斯密引用并忠实地复述这三段翻译——没有提及卢梭的名字。[1] 在此书处理政治与经济之联系的部分，我们可以找到一些与卢梭直接相左的例子。我将回头讨论与这些事例有关的内容。在这里，我要指出，在《道德情感论》中，另有一处展现卢梭的直接影响更显著的地方。亦即，它就在全书开篇。在其评论中，斯密强调了卢梭相对曼德维尔取得的最大的进展。斯密认为曼德维尔是卢梭的前辈。他的评论如下：

> 然而，卢梭批评了曼德维尔博士：他观察到，怜悯是这个英国作家允许自然属于人的唯一的温和原则。怜悯能够生产出所有那些德性，曼德维尔博士则否认它们的事实存在。卢梭同时也认为，此原则本身并非德性，但是它为野蛮人和粗俗者中最放荡不羁的人所具有，其完美程度甚至超过那些拥有着文雅、开化风俗之人。[2]

27 《道德情感论》开篇诸段大声且清晰地重复了这个观念。在这本书的第一句话里，斯密向读者呈现了这一观念：怜悯完全是自然的，而非在人性中塑造起来的机制。

> 无论我们假设人如何自私，很明显，在其本性中，总有某些原则让他关心他人命运，认为他们的幸福对自己必不可少；尽管

[1] Smith, *TMS*, IV. I.10.
[2] Adam Smith, “Letter,” p.251.

除了在看到他人幸福而感到愉悦之外，他一无所获。这种原则就是怜悯或恻隐之心（compassion），是我们因为看到，或以某种生动的方式认识到他人的悲惨状况时，我们所感受到的情感。[3]

然后，他重复了他在评论文章中强调过的观念，即怜悯不是一种文明成就或文明效果，它存在于一切人类身上，而不仅仅是那些情感细腻的人身上：

我们经常从他人的悲伤里得到悲伤，这是一个太明显不过的事实，无须任何事例来证明。这种情感就像人性中所有其他的原初激情一样，绝不限于有德而仁爱之士，尽管他们无须精细的情感就能感受到它。最大的恶棍，心肠最为坚硬的社会法律的违背者也并非完全没有它。[4]

接下来，斯密解释道，怜悯是一种旁观者的现象，不局限于真实观察到悲伤和痛苦的例子。斯密坚持认为其逻辑可以得到概括。根据斯密，恻隐之心不仅限于观察到死亡之平静，还包括在各种情况下所有人类的情感反应：

并非只有那些产生痛苦和悲伤的环境能唤起我们的共通感（fellow-feeling）。在我们主要关注的人身上，无论从任一对象中产生了何种激情；一想到他的处境，在每一个用心的旁观者心里，一种类似的情感都会随之萌发。[5]

28

最后，对他所描述的这一普遍现象来说，这一属类的名字当为同情（sympathy），而非怜悯或恻隐之心，甚至对最普通的语言使用者

[3] Smith, *TMS*, I.i.I.1.
[4] Ibid.
[5] Ibid., I.i.I.4.

来说，这种用法是反直觉的：

> 怜悯和恻隐之心是适宜用来指代与他人之悲伤的共通感的词语。尽管同情的原初意义是相同的，然而它现在或许可以用来指称我们与任何激情的共通感情，而不失合宜。[6]

我论称，我们须要以这样的方法来安排斯密学说的结构，从而使其与卢梭的相似性变得明晰。斯密在评论《二论》时挑选出卢梭最迷人的观念，在《道德情感论》的序言里又对其加以大声陈明。知晓斯密之评论的任何人能够识别出这一事实，至少在苏格兰、在他的朋友中是这样。

在我重构《道德情感论》的核心论述之前，我将进一步强调我的解释的历史基础。许多身居大陆尤其是瑞士的人在卢梭对人类社会性的否认中识别出一种伊壁鸠鲁主义。他们也注意到，他对社会德性之原因缺乏温情。在19世纪，斯密的德国评论者们呼唤大家关注其道德哲学和经济学之间，或真实或想象的不一致。他们是继承了一种类似的观念，即政治经济学内在地是伊壁鸠鲁式的论述，亦即它在根本上是非道德的。我想要表明，这也是大部分斯密的苏格兰同时代人的观点。对他们来说，不一致的“亚当·斯密问题”并不存在。他们认识到，《道德情感论》反而是从与《国富论》相同的“自私”外衣中裁剪出来的。通过简单查阅同时代人对《道德情感论》做出的一些回应，我们就看到，斯密的同时代人拒绝将斯密当作是一个道德理论家来接受。这是亚当·弗格森写下的内容：

29

> 你告诉我们，所有的差异都是同情或缺乏同情，即两人或更多人之间的同意与不同意——在他们之中，某些人做出行动，其他人则观察这一行为，他们与行为者之间产生或者不产生相同的

[6] Smith, *TMS*, I.i.I.5.

情感。你试图以此来解释是非之别。[7]

弗格森问，斯密的意思否真的是，当这些反应没有发生或没被观察到，是非之分就不存在？“是否任何同情的出现都代表了一好行为，同情之缺乏则代表了一坏行为？”他进一步问。[8]

斯密在格拉斯哥大学道德哲学教授席位的继承人托马斯·里德（Thomas Reid）甚至更加坦率。他对前辈批评如下：

> 很明显，依据这个同情体系，人类行为中是与非的最终尺度、标准并非任何基于真理或基于一颗明察秋毫之良心的命令的确定判断，而是多变的意见和人的激情。所以，我们可以把西塞罗对伊壁鸠鲁派的论说运用到这一体系上来。“所以，你的学派无疑宣扬对正义的模仿，而非宣扬那真实、纯正之物。”[9]

他继续说，依据斯密，“社会德性看起来要么消解为虚荣，要么消解为自利”[10]。尽管在斯密看来，“我们所有的道德情感都可化约为同情，”里德说，“所以，甚至这一同情似乎也可化约为自爱。由于想象的运动，自爱则会不时改变方向。”[11]他综合其批评总结道，所以，“斯密博士的同情体系是错误的。它不过是对自私体系的改良罢了”[12]。

30

斯密过世后，杜格尔德·斯图尔特（Dugald Stewart）被爱丁堡

[7] Adam Ferguson, “Of the Principle of Moral Estimation” , in *On Moral Sentiments: Contemporary Responses to Adam Smith*, ed. J. Reeder (Bristol: Thoemmes Press, 1997), pp.92–93.

[8] Ibid., p.93.

[9] Thomas Reid, “A Sketch of Dr. Smith’s Theory of Morals,” in Reeder, *On Moral Sentiments*, pp. 81–82.

[10] Ibid., p.77.

[11] Ibid., p.70.

[12] Thomas Reid, “Letter from Thomas Reid to Lord Kames,” in Reeder, *On Moral Sentiments*, p.66.

的皇家学会选为纪念演讲人，他明显因《道德情感论》而感到局促不安。他尽可能最好地，或竭尽所能地归纳《道德情感论》。但是，对这本书的论点，他却深不以为然。试想，如果他被迫在官方的颂词中陈述这种观点，他对此该有多么强烈的感受。[13]在他的大学讲座中，斯图尔特重复了里德对斯密的指控。他对学生们说，斯密的理论“可能论述了一个人对德性皮相的假设”。这个主题颇为重要，他继续说，因为它是“文雅社会中良善教化法则之基础”[14]。他从阿伯丁的道德哲学教授詹姆斯·比蒂（James Beattie）那里借取这一特殊的带有轻蔑之义的词。含义是清晰的。斯密撰写了一套礼貌学说，而非道德理论。它可能是一种道德社会学，却不是真正的道德哲学。斯图尔特进一步指控说，斯密对“同情”（sympathy）这个词语的使用是不一致的和模糊的。

> 斯密也将我们道德构成中的一条次要原则（或者作为义务感的附加物添加到我们的道德构成上的原则）误以为是区分善恶的官能。[15]

“这可能构成对斯密先生理论的批评，”他定罪般地加以论称，

> 因为它混淆了自然让我们能够纠正道德判断的方式与我们的道德判断在人性中的原初原则。他的确用单一的洞察力和卓识描述了这些手段和权宜之计，通过这样做，他为实践道德赋予了新的内涵。但是，在他对此主题的所有推理之后，我们将会发现，关于我们道德观念、情感之源头的形而上学问题将会像此前一样

31

[13] Dugald Stewart, “Account of the Life and Writings of Adam Smith LL.D.,” in *The Collected Works of Dugald Stewart*, ed. W. Hamilton, vol. 10.

[14] Dugald Stewart, *The Philosophy of the Active and Moral Powers of Man* (Boston: Wells and Lilly, 1828), p.228.

[15] Ibid., pp.225-226.

令人费解。[16]

斯密论断，人并非内在地是社会性的或道德的，这些道德行为的特征也没有出现在早期孤独的人类当中。斯图尔特选取了斯密这一论断。它意味着，在斯密的观点中，没有社会，道德就不能发展。斯图尔特承认，这可能是正确的；但它不足以取消人类内生道德能力的存在。这种能力在那些环境下仍然维持着主导地位。

许多人声称，《道德情感论》在其时代是一本非常重要且闻名遐迩的书，这一说法在近来已成时尚。这是真的。但是，它一定不能被当成是一个被斯密的同时代人认可、接受甚至理解的标志。《道德情感论》很难读。在当时，它也像现在一样经常遭受指责，被认为是道德哲学进一步发展的死胡同。

更重要的是，它被认为是一本伊壁鸠鲁派著作。当然，其观点之流行并不意味着它完全是甚至根本上是正确的。杜格尔德 · 斯图尔特自己在其讲座中提到，斯密常年成功讲授西塞罗的《论义务》，这些讲座成为《道德情感论》后期诸版的脊梁，即我们所知的斯密的道德哲学史。然而，当然，没有哪个《论义务》的讲授者是一个单纯的伊壁鸠鲁派或斯多葛派。《论义务》的整体观点是两大体系间的辩证运动，展示了两者的不足。斯密本可能从伊壁鸠鲁派那里比从其他人那里学到了更多，但是，他不可能是一个单纯的伊壁鸠鲁派。斯密的批评者所说的伊壁鸠鲁主义很可能正是康德在给 18 世纪的道德教化归类时所解释的——他也以《论义务》为指引。从此视角来看，令其批评者烦恼的是：对斯密而言，德性并非人之目的，此点与斯多葛派相同；但德性却是实现幸福和好生活的手段和工具，此点则与伊壁鸠鲁派相同。

我们不应该对斯密同时代的激烈批评感到惊讶。尽管这些苏格兰批评者的论点怀有敌意，但它们并非毫无根基。斯密自己承认，或骄　32

[16] Dugald Stewart, *The Philosophy of the Active and Moral Powers of Man*, pp.227.

傲地宣称了同样的事情。按照斯密对现代道德哲学辩论的描述，它由霍布斯开启，后来通过霍布斯与柏拉图主义者（拉尔夫·卡德沃斯[Ralph Cudworth]，剑桥柏拉图主义者，是第一个回应霍布斯的人）之间的论战得到发展。我们没有理由认为，斯密将自己定位为一个柏拉图主义者，或在此问题上将自己定位为一个斯多葛派。然而，他将自己描述为某个合宜地发展了霍布斯学脉（亦即自私体系）的人。霍布斯、拉罗什富柯、普芬多夫、曼德维尔和休谟是这一传统中的著名成员。合宜的结论是，他剥除了为这一学说的早期代表所接受的粗俗、错误的因素。根据他的理解，在经过修正的自私体系中，同情是真正核心的道德范畴。斯密并未将这一事实当成秘密。他如是写道：

> 然而，那整个人性论述从自爱中推衍出所有情感与爱恋，它们在这个世界上制造出如此多喧嚣。但据我所知，它从未得到充分、细致的解释。在我看来，它来自对同情体系的某些错误理解。[17]

《道德情感论》有意纠正的，恰是这一原先对同情的误读。所以，它自我定义为一篇改良版的霍布斯主义和伊壁鸠鲁主义论文。对德性党（the party of virtue）而言，这是一条通往死胡同的道路。对他们来说，自私体系从未改良到足以通过道德检阅的地步。对站在另一立场的那些人来说，斯密的书是其主要的兴趣所在。让斯密如此有趣的原因是，他和卢梭可能是最令人着迷的思想家，他们都致力于从自私体系中拯救道德论述，却又不放弃基本的洞见。为了实现这一富有雄心的目的，他的智识战略是什么呢？斯密的体系令人着迷，但也相对复杂。正如在其纪念演讲中，杜格尔德·斯图尔特曾经苦涩抱怨过的那样，《道德情感论》很难进行归纳。

---

[17] Smith, *TMS*, VII.iii.I.4.

斯密知道他的道德哲学史。他声称，在其写作之前至少一百年的时间里，同情是关于社会性和人性争论的核心要素。他的这一论断完全正确。同情出现在霍布斯的学说中。当普芬多夫将同情引入他自己的社会性概念中时，他的确提及了霍布斯。普芬多夫称，如果“在探究人类的真实境况时，我们已将首要的位置和影响分配给了自爱”，那么，这并没有外在于对一种以自私为基础的道德的认可。它只是承认了这一简单的事实，即：每个人都自然“更快感知到他对自己的爱，而非他对其他人的爱”[18]。自我关涉和他人关涉的动机并非生硬地彼此相对；它们可以结合在一起。普芬多夫将此洞见称为斯多葛论点，但他引用霍布斯的《论公民》对它加以论证：“当一个人新生疑虑，怀疑他要对另一人做的事情是否合于自然法时，那就让他假想自己处在他人境地时的情况。”[19]如果不断重复，实现翻倍增长，这种角色置换、将自己故意的行为投射到他人处境和情感上的技术就产生了社会性。在一种镜像交互的网络中，同情的体系建立在设想他人困境的基础之上。亚当·斯密在《道德情感论》中开始对它加以概括、软化、修饰，将它从所有可预见的腐败倾向中剥出。

33

同情奠基于“同情共感”（complacency），不是就这个词的现代含义而言，而是就其古老含义而言：借由同情与他人处于相同位置（*cumplacere*），与他人产生相同的感受。在斯密所处的学术和哲学文化中，这些观点得到了超出一般密集程度的讨论。这就是为何斯密能够如此准确地发现，卢梭《论不平等的起源》与曼德维尔《蜜蜂的寓言》第二卷间具有密切的亲缘性。他已经重述了围绕其老师哈奇森的作品展开的所有论点。他能够精确地发现卢梭对怜悯的处理，因为他自己早就走过相同的道路。同情和同情共感的本质，它们在自私体系中的确切位置是哈奇森与曼德维尔之间漫长且热切争论的对象，后来又成为哈奇森与其同时代批评者之间争论的对象，比如约翰·克拉

[18] Samuel Pufendorf, *The Law of Nature and Nations*, ed. J. Barbeyrac, trans. B. Kennet, 5th ed. (London: J. and J. Bonwick, 1749), 3.2.14.

[19] Ibid., 7.1.14.

克（John Clarke）和阿其巴尔德·坎贝尔（Archibald Campbell）——34 他们迫使哈奇森在其关于激情与德性的道德论著中反复修改关于自爱与同情的立场。[20] 在言谈中，哈奇森的对手常常听起来像是斯密。在任何情况下，他们都在清晰地讨论斯密在《道德情感论》中发表的同一类观点。同样的论述也可以运用到大卫·休谟身上，他可以被恰当地称为一个复杂精致的同情理论家。当人们谈及卢梭对斯密的影响时，他并没有谈论斯密学说在发展中出现的彻底而明显的断裂。很可能，卢梭帮助斯密更容易做出决定，尽管其体系已经在1755年准备就绪，但前方的道路却仍要穿越对怜悯模型的归纳。斯密与卢梭的心灵能够相遇，因为他们都干预了其时代最核心的道德理论争论。

在《道德情感论》中，斯密清楚地表明，他的目的是要纠正休谟。他明确引用了休谟的正义学说。休谟假设，如果效用能够由趣味的职能疏导，并由心灵秩序的欲望引导，那么效用就能够产生道德行为。效用能够产生美学上的愉悦，剥除直接效用主义的自私情感和自私论调。斯密接受了休谟观念的主要变化，但却反对那种复杂的理解机制。复杂的效用主义工具是美的，发现这种美的行为就说明了那种复杂的理解机制。就好像当一个社会的诸种机制适合产生稳定的正义时，我们就看到了这个社会的美。斯密称，这不可能是正义的原型，因为它的复杂的基础工作方法（modus operandi）使之变成一个贵族式的精妙深奥的行为。[21]

斯密拉回其论述，将正义之源定位在基础激情之上，比如愤怒（这就是为什么他有时被解释为放弃了传统的对社会正义的聚焦，却支持对刑事正义的聚焦，这被某些现代诠释者视为无法解释的愚蠢错误）。这一兴趣将他导向休谟最著名的理论领域（并且，对某些同时

[20] 哈奇森第一部主要著作是1725年的《对我们的美与德性观念之源头的探究》。哈奇森的观点在约翰·克拉克1726年的《理论与思虑实践的道德基础》、阿其巴尔德·坎贝尔1728年的《道德德性起源研究》（1733年多处修订后再版）中受到批评。在1728年，哈奇森出版了《论激情与情感的自然与行为》，他考虑克拉克和坎贝尔的批评，在某些维度上修改了自己的观点，在直到1738年的后续版本中做了修订。

[21] Smith, *TMS*, IV.1.1–2.12.

代人来说，也是他最具有伊壁鸠鲁派特点的理论），即正义是一种人为德性之观念。[22] 休谟论称，人没有内在的正义感，因为人们能够很容易想起许多正义受限的情形，在那时，通常理解的正义无法得到维持，如果人们将其选为准则，它也了无用处。正义是一种自然现象，但也是在历史中获得发展的现象。休谟认为，通过对推进正义的前进道路时好时坏的发现，正义就获得了渐进的试验性发展。休谟也为读者提供了一种美丽的推测历史或理论历史，论述了正义之诞生及其渐进的试验性发展，直到这些通达正义之路的效用在每个人面前都变得显而易见。正义不是契约的产物，却是经由试错浮现出原初无条件的社会协作而创生的。这些发现由狭隘的工具性引导，就像在一艘船上，为了取得有效的收获，桨手发展出一种一致的运动，向同一个方向、以相同的节奏划动他们的船桨。他们心照不宣地理解了，从一致划桨行为的共同努力中能够获得明显效果。与此沉默理解相比，他们的一致行为并没有更多地以明确宣告的行动为基础。它们也由船与桨在历史演进中有目的的设计而得到促进。看起来，斯密受到了这个观念的影响，并决定用它来解释同情的发展。

我们最好将《道德情感论》解读为同情在休谟模式中的自然史或理论史。休谟的正义起源理论提供了一种说明性机制。在普遍的意义上，斯密用它来解释道德法则在社会中的兴起。他不仅概括了怜悯还将其历史化。这一做法在许多方面与卢梭的《论不平等的起源》颇为类似。斯密关于同情的自然史与卢梭的自爱史、关于自尊的推测历史颇为类似。《道德情感论》是斯密论述商业社会诸源头的推测历史。它认为，有一种机制支撑着社会性自我的兴起。它也通过勾勒这一机制来探究商业社会之源。

斯密与卢梭都必须构建历史，因为没有自然社会性，所有社会性都不得不是人为的——也就是发展性的（或用更为古老的自然法理学

[22] David Hume, *A Treatise of Human Nature*, in The Clarendon Edition of the Works of David Hume, ed. D. F. Norton and M. J. Norton (Oxford: Oxford University Press, 2007), T.3.2.1-6; SBN 477-534.

的专业语言来说便是“后天的”)。对斯密来说，人类最初不过是生理36性存在，具有蛰伏或极其欠发展的心理能力。孤独的人不能在维持孤独之时开发他们的心智。这些造物也认识不到他们自己的人性。他们可以把水坑当镜子，从中看到他们自己，但不能对自己的面貌做出判断：他们是美丽的还是丑陋的，是协调匀称的还是畸形的？他们彼此相像抑或各不相同？这些事情只有通过比较，在交往中与他人见面时方可发觉。像其他每个人一样，斯密认可一个人既有一副躯体亦有一副心灵（或灵魂），具有两个维度上的需要和能力。心理能力大部分都是情感或激情（比如愤怒）的基本建筑砖块。斯密从霍布斯处采下一片叶子，并回到亚里士多德修辞学的心理官能中，他也假设：人类具有一个原初的判断能力，这不是哈奇森和其他人坚持声称的判断善恶的能力，而是彼此评判的能力。更具体地说，这是评判他人之缺陷或他人偏离规范的能力。这预设了某种追求高人一等的欲望，或如斯密敏锐地强调的，这是一种避免被认为低人一等的欲望。

对人类来说，意见和他人的批评颇有分量。这是人性的构成性因素：一种因贬低而产生的心理痛苦，恰如一切动物都在避免痛苦，人类想要逃离他人原始的批评性评价。斯密无疑知晓哈奇森对霍布斯嘲笑理论的尖锐批评，并在自己的理论中很好地加以运用。[23]人类在相遇他人时发现了他们自己的生理与心理缺陷，并知道他们讨厌受到指责。人类的这一评价原则很明显是美学意义上的，它是初始的趣味。在其回应中，人类发展了取悦他人的欲望。这是对人类普遍存在的持续比较自己与他人现象的审慎回应。比较性的人类自我（或简言之人类自我）及其心理需要压倒了生理或孤独自我的生理需要。霍布斯与卢梭都强调了同样的观点。然后，斯密描画了人类对内在心理平37衡、外在承认的追求如何转变为不平等的温床。尊敬传达了优越性。这些心理需要和病理解释了社会分层之兴起或阶层之起源。

[23] 在1725年的《都柏林学刊》(*Dublin Journal*)中，弗兰西斯·哈奇森发表了论嘲笑的三篇短文，其中的第一篇是对霍布斯的批驳。这些文章收录在 Francis Hutcheson, *Reflections upon Laughter and Remarks upon The Fable of the Bees* (Glasgow: Ra. Urie,1750)。

人的评价天性是斯密自我理论的核心条目，对一系列心理结果负责。为了躲避同伴的评价，个人必须根据他人来调适自己。这就导致了社会化，形成了羞耻和虚伪。这是心理防御的第一道防线，也被自私体系的批评者视为虚伪德性之起源。然而，这些发展并未消减个人的竞争性，它们只是将其引导至新的行为模式当中。真实的治疗方法是，彻底抛弃激烈竞争的游戏，以此来消减对自尊的依赖。对心理脆弱的个人（事实上，其含义是每个人）而言，最重要的保护盾牌是自我认可或自我尊重，将受他人支配的自我颠倒过来。这是通往真正的德性，而非虚假德性的唯一道路。就像斯密指出的那样，道德主义者倾向于发明许多针对竞争性心理无政府状态的心理防卫路径，比如人道、仁爱、爱人类、爱邻居之感受。所有这些都是虚弱的行为者。斯密论称，面对他人的意见时，焦虑必须得到自爱、对自身德性之爱的控制。

这是通往这一论点的道路：相信无偏旁观者而非他人之判断，并将他或她的判断作为自我防卫的武器。这要求获得判断之源泉，它在个人心理军械库的内在王国里整体引入一种平衡且规范的社会评价。无偏旁观者是人们自己内在调节的手段——易言之，它是帮助人们自我控制的工具。我们常常声称，自我控制是一种斯多葛派德性，对斯密而言，它并非如此。斯密的自我控制并非基于一种粗暴的灵魂管理理论的英雄德性。如果一定要下一种论断，那么它是一种伊壁鸠鲁式的自我控制理论。它由两方面构成：一方面减少原本的自私，另一方面通过将我们的自私减少到其他自私行为人能够接受的程度而实现自我强化。正如斯密所写的：

> 在许多情形中，将我们提升至……德性行为上来的不是对我们邻居的爱，不是对人类的爱。它是一种更加强烈的爱，一种更有力量的情感，它普遍出现在这些情形当中。它是对荣耀和高贵之物的爱，是对我们品格的庄严、尊贵和优越的爱。[24]

38

[24] Smith, *TMS*, III.3.4.

在此缓和或微妙的自爱模型里，对自我优势的确认——或在任何程度上，在他人面前，对某人不可撼动位置的确认——是最重要的。它要求实现心理自我满足的常态化，而这取决于对社会规范内容的认识。斯密将此要求复述如下：

> 我们假设，我们自己是自我行动的旁观者，并据此想象，它可能对我们产生何种影响。这是唯一我们可以借助，在一定程度上用他人的眼睛来审查我们自己行为之合宜的透镜。[25]

这允许斯密根据积极黄金法则的竞争性调整，来重构自我控制的概念。在效果上，他颠转了法则，使它与自私体系的要求相适合：

> 多为他人感受，少为自己感受，亦即限制我们的自私，沉浸在我们仁慈的情感里：这构成了完美的人性；并能够在人们中间单独产生构成了他们所有优雅与合宜的情感和激情之和谐。像爱我们自己一样去爱邻居，是基督教的伟大律法。所以，自然的伟大律令就是像我们爱邻人一样爱我们自己，或者同样可以说，像邻人能够爱我们一样去爱我们自己。[26]

注意斯密战略之基础。对他而言，重要的事情总是在自我关涉与他人关涉的情感之间的平衡或者合宜。在这个词的术语含义上，它是一种完全的情感主义理论。但是，不同于其时代的其他情感主义理论家，斯密从未让自己专注于爱如何在社会中得以增长。相反，他希望原初的自爱得以减退。自爱、自尊应该减退，使其缄默，得到自我控制（斯密完全反对外在控制），但是不要被替换。实际上，所有事情都源自自爱。但是自爱像社会自身一样复杂。记住，商业社会的定义，与一个基于爱和存心有意的合作的社会相比，它是一个不那么一

39

[25] Smith, *TMS*, III. 1.5.
[26] Ibid., I.i.5.5.

致的、不那么黏合的、可靠的社会。斯密努力依据道德心理学来打磨商业社会的定义。

在他们提供给别人的爱、别人给予他们的爱都不甚明显的情境下，所有个人的目的都是要从他人的批评中获得独立。个人不得不生活在自己里面，但与此同时也要生活在社会里。他们不得不在自己心中引入社会规范，作为一种生存之工具，而非自我放逐于对他人认可的空洞追求。这个观念颇具吸引力，但仅当这种自我判断能够信赖时方能如此。斯密经常指向这种可怕危险：自欺、自我辩解或者强化的自私会被当作保护盾牌加以接受，却罔顾他人处境和意见之事实。

他在这里也展开了一种相同的论证策略。他的解决方案是打造出更高层次、能够压制自我欺骗力量的自我控制之可能性。人们抵御自我外在评价的构造要变得稳定，他就必须接受建基于社会习俗中的自我评价法则。以此方式接受的法则是一种工具，能够帮助人们查明自我欺骗，缓和不惜一切代价地寻求防御的过时冲动。正是在这一点上，《道德情感论》和休谟的人为正义理论之间的相似性就变得清晰起来。唯有借助基于习俗的法则，个人才能避免自我欺骗。唯有通过——并基于——评价他人并在社会中受到他人评价这样一种长期、持续的历史经验，这些普遍的道德法则才能形成。这些引入我们心灵的法则创造了内在于我们心中的“无偏旁观者”。所以，内在于我们自身的这个“无偏旁观者”是将我们从一切人反对一切人的心理战争中拯救出来的人。“一切人反对一切人”则是诸多人类社会之特征。

40

洞晓法则（意即社会习俗）能够纠正自我欺骗。然而，唯知法则，尚嫌不足。要让如此法则成为自我控制的工具，心智认知就需要援军。斯密在此方向施展了一连串论述。在这里，我也只能将它们罗列出来。对斯密而言，宗教是一种社会机制，为了支撑道德习俗而被发明出来。在发展的序列的更进一步，正是道德理论或道德科学帮助我们的道德自卫运转得体并受到控制。总体而言，斯密并不支持激情控制激情。他也不支持对它们的压制。作为理论家，他借助于同情，从原初的心理基础来追溯它的发展，将其信任交付给想象的工作——

正如我们在其一般性的怜悯理论中可以见到的那样。情感总在工作，持久地让人感到愉悦或悲伤，就像社会的心理感应感受与流出、收缩与扩张那样。在这里，斯密强调了心理痛楚的角色，它是对破坏道德法则和离弃社会习俗的真实惩罚。除了原初惩罚的痛苦之外，第二位的增援来自受休谟影响的领域——来自幸福或效用，总体而言，来自在社会中成功与否的规范效果。以沙夫茨伯里为榜样，斯密也强调了政治社会性的治疗本质，以及为了减少焦虑的社会对话，这反过来又有助于人们与他人一起生活。

我们将有机会来讨论这些斯密式观念的更为广泛的结果。在斯密的学说中，对心理需要的强调是很强的，也许跟在霍布斯的学说中一样强；尽管它在细节上发生了重大的改变。因其对心理民主制的强调，斯密就在政治上获得了帮助。荣耀寻求在个人之间创造出不平等。然而，这并非只是成功的精英们的痛苦。每一个人（包括劳动者阶层）都屈服于它，并在其统治下生活。他们对骄傲力量（或追求尊敬）的回应，以及持续寻求改善的欲望便对大众政治具有重大影响。相比于那些享有体系特权的人而言，其影响程度若非更大，那也在伯仲之间。

我采用了一种方式，使斯密与卢梭之间的相似性变得高度清晰可见。我也已经用这种方式将斯密呈现出来。现在，我想要转向卢梭，并用如下方式把他呈现出来：这种方式将使苏格兰人和日内瓦人所关注问题之间的相似性也同样清楚。一条路径指出，两者均来自加尔文主义社会，在那里，人们努力将原罪学说温和化，点亮（“启蒙”［Enlightenment］是一个神学术语）堕落人类的历史。其时代的神学-哲学辩论也围绕这一努力旋转。这是哈奇森在攻击自私体系时做出的改变。卢梭也来自与之相当的瑞士背景。另一条路径则指出了他们人生的相似性。卢梭与斯密的人生有所重叠，但严格地论及世代，卢梭是休谟而非斯密的同代人。斯密是更年轻的一代。通过一种比较视野，在很大程度上解释了他们的作品。斯密的起点是休谟针对哈奇森理论的怀疑主义。这帮助他认识到，卢梭在《论不平等的起源》中的观点与休谟的观点在两个平行轨道上运行。人们也能通过斯密对修辞学和现代文学的兴趣，来接近斯密与卢梭的相遇。斯密认识到，卢梭是一位高超的文体主义者和修辞学家，但他也将其天赋视为一只有毒的圣餐杯。

在许多情况中，卢梭的阐述非常有效，但我们很容易误听它们，尽管他明确且发狂般地反击对其作品的即刻误读（如果我们认为只有后来的世代才会误解，同时代人却不会，那么这不过是一个极端的假设）。一个尤为显著的例子是，卢梭明确声称，人自然是好的，只有商业社会（建立在自尊、比较性自爱基础之上的社会）才会产生邪恶与腐败。结果，人们广泛地——但错误地——相信：对卢梭而言，在人类历史上，社会建构起来的自爱是一种纯粹消极的力量。有一信条认为，这是堕落人性已经陷入的荒谬错误。但是，对卢梭和斯密来说，他们的某些前辈则努力颠覆这个信条。现在，人们做出活跃的尝试，通过指出自尊在卢梭看来是社会的黏合剂，来克服此误解。人们支持，自尊既好且坏，它站在文化与道德之源头，恰如它站在腐败与过度之源头。如果人们都认为卢梭和斯密是商业社会理论家，那么这是很明显的。商业社会是缺乏原初人类社会性的社会形式，但是，出于自私的个人不得不生活在一起的需要，它就建造出每一样事物（就定义言，包括好的与坏的）。那些力图恢复卢梭保护自私体系之努力的人已经指出，卢梭开始描述的镜鉴（mirroring）与角色转换机制已经允许他解释，包含在自尊中的情感与判断如何能够成为某种有用的道德事业心。事实上，我在本章的论点是，卢梭开始发展这一体系。无论将此描述为卢梭可能的计划是否正确，这都是斯密的真实计划。实际上，情况正是如此：斯密从《二论》中获得了这些观念，发现它们对摧毁哈奇森、沙夫茨伯里的遗产具有重要意义（它们并不能彼此等同。有一卷《爱丁堡评论》收录了斯密对卢梭的评论，这一卷也刊发了一篇关于哈奇森与沙夫茨伯里的比较研究。这篇研究将哈奇森与沙夫茨伯里的出发点对立起来，认为哈奇森的出发点是仁慈体系，沙夫茨伯里的出发点则是自私体系。于是，这篇研究也摧毁了一大误解，使人们不再认为，他们的思想密切地结成了同盟，甚至完全同一）。斯密也看到了休谟对《二论》的处理，并开始写作一整部与之

42

相关的著作。卢梭的自尊有一些现代的诠释者。粗略地说，根据这些诠释者的观点，卢梭应该写作或原本可能写成的书正是做出必要修改的《道德情感论》。卢梭指出了道路，但重要的是，他没有去做而斯密做了。因此，我们就得到了两个商业社会的政治学视野。我在后文将回到此问题上来。

然而，另一条比较卢梭与斯密的道路或许更加富有希望，即指出《道德情感论》与《二论》在形态学上的相似性。一旦我们将《道德情感论》的内核视为同情的自然史，那么它与卢梭自尊的自然史之间的相似性就会变得清晰。休谟在《宗教的自然史》中展现出来的版本并未建立一种欧洲范式。但是，卢梭的《二论》的确做到了。它创造了一种新的人类史体裁。（通常而言，伊萨克·伊萨林［Isaak Iselin］，他与卢梭一样是瑞士人——尽管并非来自日内瓦，而是来自另一个商业共和国巴塞尔——因其《人类历史》而有功于这一体裁的发明。他的作品可以认为是对卢梭的直接回答，似乎表达了瑞士人在苏格兰争论中哈奇森一方的相同观点。）莱因哈特·柯赛雷克（Reinhart Koselleck）顺着来自卡尔·施密特（Carl Schmitt）的线索，将这种历史指责为真正历史的天罚以及启蒙最具毒性的遗产。[27] 卢梭与斯密的理论历史并非对历史记录的如实论述，而是以历史形式呈现的道德哲学和政治哲学。就此意义而言，柯赛雷克的判断是正确的。但对哲学家来说，这一“历史”体裁也有问题。此种历史与直接的规范性相反，被描述为伊壁鸠鲁主义的。在此习语中，道德被认为是工具性的，因而是脆弱的。没有政治的支撑，它就不能存活。在后面的几章里，我将追随道德理论对政治的这种依赖。卢梭与斯密关于社会自身的理论历史直接平行或处于同一轨道。可在如此漫长的时间里，在实际中，读者们为何却看不到它们之间的类似或完全等同呢？在此关键时刻，我直接的兴趣就是发现此中缘由。我想要表明，《二论》如何被包裹在建构出来的历史或半历史的话语之中，直接快速移动到自私

43

---

［27］ Reinhart Koselleck, *Criticque and Crisis: Enlightenment and the Patbogenesis of Modern Society* (1954)(Cambridge, MA: MIT Press, 1988).

体系之防御和批评的震中。自私体系则是斯密最为接近的靶标。这将我带向孟德斯鸠，同一道德理论辩论中另一个杰出选手。哈奇森、休谟、卢梭、斯密以及全欧洲的许多其他人都为此辩论做出了贡献（在此相同种类的辩论中，那不勒斯人维科［Vico］则是另一个卓越的但更早的作者）。

随之而来的是在孟德斯鸠思想的宽阔平原上快速小跑，也许甚至是飞奔，我为之举起路标，而不是细致地分析其论述。卢梭在他的两篇著名论文中回答了由第戎科学院设置的问题。他大胆应答，但也总能击中要害。第一个问题，文艺复兴是否有助于改善欧洲的道德（文艺复兴在当时被称为艺术与科学的复兴）。这个问题引发了一种推测历史的巨大反应。第二个问题与平等有关。它实际上是一个与现代君主国之道德状态直接有关的问题。人们经常认为，孟德斯鸠有一个三种政体分类的理论。这是错的。事实上，他有一个双重的二元性体系。首先，他将政体划分为正当的和专制的，法律的政体和个人权力的政体。在第二个二元分类中，他又将法律政体即共和国（*rei publicae*）分为两种：一种以平等为基础（共和国或集体统治的政体），另一种则以不平等为基础。[28] 以社会不平等为基础的共和国正是孟德斯鸠所谓的君主制，一个垂直分层的共和国。在 18 世纪后 50 年里，这对任何想要冒险写作政治学的人来说都是十分清楚的。提问一个关于不平等的问题，就是问一个关于君主制（与民主或贵族共和国相对）的问题。孟德斯鸠的伟大创新在于，他论称，平等和不平等的共和国不仅有不同形式的政府，也依赖于不同的道德文化。他曾有著名论断，平等共和国不得不以一种压抑自我的道德文化为基础。[29] 只有人们假定人性自私，此论点才有意义。平等要求个人为了纠正其自私倾向必须进行自我控制（这是卢梭的著作《社会契约论》的主题，它解释了自私自我的控制如何必须是自私本身，但却是集体的自

44

[28] Montesquieu, *The Spirit of the Laws*, ed. A. M. Cohler, B.C.Miller, and H. S. Stone (Cambridge: Cambridge University Press, 1989), pt. 1, bk.3.

[29] Ibid., pt. 1, bk. 3, chaps. 2–5.

私)。在君主国里，不平等是一个系统性的特征，以平等为目的的自我控制则并非必需的（孟德斯鸠表明，从政治上说，它甚至是有害的，这令其读者感到震惊）。相反，商业社会中的自私不得不通过多样化的自私彼此对抗来得到驾驭。孟德斯鸠对现代君主国道德文化的最好定义是一个行星系统的隐喻。在这个系统里，万有引力不能将诸行星拉向太阳。[30]万有引力便是自私，名义上即效用引导的市场行为的自私。它可以得到自尊、骄傲、获得认同之心理需要的中和。当它被法典化或制度化后，骄傲或对宏伟的追求就变成一个荣誉体系，或者就像孟德斯鸠强调的那样，变成一个错误荣誉、错误荣耀的体系，一个没有任何道德价值的，对高人一等的单纯的爱之体系。[31]这个观点来自孟德斯鸠对法国冉森主义传统的深入了解。冉森主义是同一理论的奥古斯丁派的基督教版本。《旁观者》是与约瑟夫·爱迪生（Joseph Addison）同时代的英语杂志。很可能，通过阅读刊发在《旁观者》上的论激情体系的文章，上述观点也能得到强化（尽管关键文章的作者并非爱迪生，而是威尔士神父亨利·格罗夫［Henry Grove］)。[32]

45 在《论法的精神》中，孟德斯鸠的君主国理论是“特洛格洛迪特人传说”（Tale of the Troglodytes）的最终状态。他在此二十多年以前，在《波斯人信札》中就开启了“特洛格洛迪特人传说”。这个故事的起点是特洛格洛迪特人建立了一个纯粹的爱的政体，然后又建立了一个纯粹自私的政体。[33]它设想，当居民厌倦了用初期的自尊去压抑他们真实的——自私的——自我时，特洛格洛迪特人爱之体系便

［30］ Montesquieu, *The Spirit of the Laws*, pt. 1, bk. 3, chap. 7.

［31］ Ibid.

［32］ 洪特心中所想的是亨利·格罗夫1714年9月1日那期《旁观者》上发表的文章。参见，Istvan Hont, “The Early Enlightenment Debate on Commerce and Luxury”, in *The Cambridge History of Eighteenth Century Political Thought*, ed. M. Golide and R. Wokler (Cambridge: Cambridge University Press, 2005), p.405。

［33］ 洪特在《启蒙运动早期关于商业与奢侈的辩论》中讨论了孟德斯鸠的“特洛格洛迪特人传说”。

自动地转向奢侈的君主国。正如孟德斯鸠表明的那样，现代君主国理论声称，稳定的政体必须依靠爱与自私、荣誉与效用间的平衡。这种安排也要求开发一种荣誉体系。卢梭在《二论》中明确说出了他的目的：通过证实现代君主国无法逃避霍布斯式的结果，以及社会一旦以商业的方式构建起来，甚至霍布斯式的措施都无法使之稳定，卢梭试图一举击垮孟德斯鸠的现代君主国理论。他预测，欧洲思想中凯撒主义和民主之间的钟摆将会产生一系列毁灭性的、无休止的革命，随后又将出现一个循环危机模型。孟德斯鸠将现代君主国定义为一种道德文化：至少在某种制度环境下，自私得到缓和，自尊受到自我节制的道德文化。《二论》的第二部分提供了自尊的历史，将这个主题当作虔敬的和根基败坏的希望来加以反驳。

卢梭论称，商业社会不能通过伪善的心理动力学获得稳定，这种动力学是普遍的君主国文化。孟德斯鸠在一本杰作中描绘了18世纪的政治，但这部佳作无法产生有效的结果。斯密随后提供了另一种自尊的理论历史，复活了这样一种希望：如果它被允许正常运转，它是可能产生有效影响的。从此视角来看，《道德情感论》便是斯密回答孟德斯鸠与卢梭之起点。

我在本章的最后一个观点阐述了《二论》第一部分的问题。《二论》的第二部分则开始于一个纯粹的商业社会理论。此商业社会中没有任何或些许社会性，只有巨大的对合作的效用性需求。这是所有商业社会理论的标准姿态。卢梭的理论也并无本质性的区别，尽管他做了一系列令人着迷的修改。这一标准表达将商业社会呈现为此种人类困境，或者，如果作者是一个基督徒，便呈现为堕落之人的困境。有力措施就是通过人与动物间的比较，表明商业社会之必要性。动物受直觉驱使，具有强烈却狭隘地引导的自爱，即 *amour de soi-meme*；在环境允许的情况下，这确保了它们的生存。与动物相比，人类不具备实践生存的身体条件。补偿因素是他们学习和改变自己的能力，因为他们拥有头脑与灵魂，这使他们能够产生人为的社会性。社会是人类对动物的巨大优势，社会人也的确能够如此大规模地压倒动物，以致于最初对动物有利的比较将变得无甚意义。但是，为此自私的经济

46

动力偿付的代价却是不平等。

卢梭决定拔掉此理论首要前提下的塞子，即不平等依赖无法改变的人性特征。然而，他声称，不平等是历史的产物，更确切地说是社会自身的历史或自尊的历史的产物。最初，人类并不具备对动物的优越性，他们只是与动物同样强壮。人类虚弱或愚笨的主题是一个错误，或一种意识形态。人类在一开始就具有超越动物的潜能，只是一直蛰伏而已。没有社会，没有社会性，人类实际上就是动物。他们在努力求生的时候是邪恶的（vicious），但也是善好的，因为他们并无其他目的。他们没有任何道德意图，因为社会必须通过社会交往才能产生。作为孟德斯鸠的好学生，卢梭为此观念赋予了一个地理维度，并在非洲的热带气候里识别出人类的起源。在那里，对前人类的人类（prehuman humans）来说，生存很容易。商业社会不是南方的特征，而是北方诸社会的特征。在北方，人类柔弱的主题明显是真实的。卢梭假定，人类从南方向北方转移分散是一个自然灾难的结果，一场生态学灾难切断了造物与其自然习惯之间的联系。在他们新的习惯中，他们需要社会来维持生存，恰如其他政治思想家声称的那样。

这种社会的准确的心理发生学并未在《二论》中得到描述。卢梭只不过暗示了这个问题，因为社会的心理发生学还要求解释社会传播媒介，即语言之诞生。在《二论》中，他将其描述为他无法解答的鸡和蛋的问题（这刺激读者自己去弄清楚——斯密是一个，赫尔德是另一个著名的回应者）。所以，社会与自尊的自然史只是一个框架，且在《二论》中受到减缩，使他与斯密间的相似性更难以发现。正是在这一点上，我想要提醒你们注意，关于斯密与卢梭公开声明的本质上一致的雄心，我已经说过的那些话。亦即，他们试图根据关于法律、社会与政治的后孟德斯鸠式综合理论，重新构想格劳秀斯与霍布斯的政治学。要抓住斯密学说的纲要，人们就须要把《道德情感论》看成是一部关于同情的自然历史。与此相伴，如果人们考虑我所谓的“三论”，那么卢梭类似的努力也会变得清晰起来。“三论”即论语言的起源，我们几乎可以肯定，它原本是《二论》的部分文本。这个文本是一部历史，它论述了由非洲至北方的迁移，以及如何通过彼此间的语

47

言形成社会。语言是从象征性的自我主义中，通过演戏和音乐而兴起的。它有一种美学的，而非效用的认识论。这一面向没有被北方基于效用的商业社会的历史捕获，但其形态却更近似于斯密关于同情自我的纯粹的推测性历史，其描述中没有地理转移和其他重要的干预。在一定程度上，斯密沿着一条类似的轨道向《论语言的起源》进发。《论语言的起源》现在可以被看成是卢梭《论不平等的起源》第一、二部分之间遗失了的联系。正如杜格尔德·斯图尔特强调的那样，斯密对道德理论最持久的贡献或许是阻塞了通往效用主义和社会主义的道路（在老的法理学意义上）。斯密是道德理论中的意图主义者，但他将其建立在自私体系的改良版本之上。政治是自私任性的复杂结果。在我们充分看到其心理基础之前（在后面的章节里，我将会谈论这些，即便只是非常简单地谈论），我们甚至都不能认真思考以比较卢梭与斯密的政治学。

48 # 第三章

政府的历史：何者为先，法官还是法律？

现在，我将要揭示卢梭与斯密之间某些一致与不一致的地方。一致的是，他们都否认人的自然社会性与道德性。为了聚焦于不一致的地方，我想首先回到斯密评论卢梭《二论》的那一段话。这段话记录了他们之间一个明显的差异。我们所说的这段话表明，曼德维尔和卢梭两人都“假设，一切适合人类在社会中共同生活的才能、习惯、技艺都以同样的方式缓慢逐渐进步，他们几乎以相同的方式描述这一进步”[1]。

斯密同意，因为他后来接受了通向这些现象的类似道路。然而，在此评论中，下一步便提出了批评：

> 根据［曼德维尔和卢梭］，维持了人间现今不平等的那些正义法律原本是狡诈且强有力之人的发明，目的就在于维持或获得针对其同伴不自然、不正义的优势。[2]

49 斯密并未对此评论加以润色，因为曼德维尔与卢梭的文本之间具有令人惊讶的相似性，他阐发的观点原与此相似性有关。但他的确不同意。事实上，他后来所有的著作都致力于界分与此正义起源论述的分歧。斯密没有追随这种论述风格，相反，其同情的自然史则是依据

［1］ Smith, “Letter,” p.250.

［2］ Ibid., p.251.

休谟正义之自然史塑造起来的。人们的确可以论称，激进的背离实际上是休谟。斯密追随了他的道路，但并非盲目地追随。为了抓住这一成果的本质，我便将本章标题设计为“何者为先，法官还是法律”。对斯密来说，关键问题并非只是重述正义与政府是人造物这一事实，因为曼德维尔和卢梭也如是论称。对他而言，关键问题是建构正义和政府的自然历史。休谟写作了正义的自然史，斯密则尝试著述政府的自然历史。再说一遍，重点不只是政治的人为性，而是其人为性的自然本性。为了把握这一点，人们就须要理解它的发生与历史的自然本性。

关于这个问题，在斯密和卢梭的某些基础性论述中存在明显的对照。让我们首先考察《论不平等的起源》。描述了财产和社会契约的起源之后，卢梭论称，“初生的政府没有任何持久、规范的形式”：

> 社会由诸多所有个人都发誓遵守的普遍习俗构成，社会共同体则使自己成为每人的保护者。经验必然表明：这一制度有多么脆弱；在犯下唯有公众才是证人和法官的过错时，冒犯者能够多么容易逃避定罪与惩罚；人们必然以一千种方式逃避法律，各种不便与混乱必然成倍增长，公共权威危险的监护权最终将托付给一个私人，并授予行政长官任务，使人民的思虑得到留意。[3]

这一切听起来如此熟悉。在社会的最早阶段，人造的而非自然的法律便已经存在。当法律不被遵守时，在那时，也仅在那时，人们才有在社会中创造一个合法权威，强制施行法律之必要。卢梭坚定地认为，这是探究人类创造正义之历史序列的正确方法：首先出现了法律，然后紧接着便出现了法官或行政官。他在《二论》中写道：“要说在联盟建立起来之前，长官便已选定，法律执政官也先于法律自身

50

[3] Jean-Jacques Rousseau, “Second Discourse,” in *The Discourses and Other Early Political Writings*, ed. V. Gourevitch (Cambridge University Press, 1997), p.175.

存在，那么这便是一个不值得严肃驳斥的假设。”[4]

斯密采取了一种直接相反的观点。当罗马征服日耳曼诸行省后，试图在这些行省引入罗马法庭，这一做法引起人们声势浩大的反对。在其《法学讲义》及其立基于格拉斯哥法理学讲座的《国富论》第五卷中，斯密就讨论了人们对引入罗马法庭的强烈反对：

> 对那些粗野的人们来说，正义法庭建立起来后，它仿佛就拥有了一种全然无法忍受的权威。当财产获得了可观的增长，法官此时就不可或缺了。法官是必要的，并且是一切事情中最可怕的。在这种情况下，人们会做些什么呢？[5]

尽管最初看来，斯密采用了一条类似于卢梭的线路，但他实际上提出了一种相反的理论。这些社会出于必然性创造了最初的法官。但是法官的权力却会引起愤怒和恐惧。我们必须找到治疗这一恐惧的办法。我们须要通过将那些法官们宣称他们正在诠释的法则编纂为法典，以此来控制法官，规范其行为。“这正是雅典、斯巴达和其他地方的情况，”斯密写道，“在那里人民需要法律来规范法官行为，当法官以何种方式裁决为人知晓，恐惧将会在很大程度上得以消除。”他与卢梭针锋相对，从中获得了教益。“法律，”他声称，

> 以此方式后于法官的确立。最初确立法官之时，法律并不存在；每人都信任自己胸中自然的正义情感。如果在社会之初，法律先于法官得以确立，那么它们将会限制自由，但当法律在法官之后确立，它们就能够拓展并保卫它。在程度上，法律对私人的查验和限制不如法官对人民的权力和行为那般强大。[6]

51

[4] Jean-Jacques Rousseau, “Second Discourse,” p.176.

[5] Adam Smith, *Lectures on Jurisprudence, in the Glasgow Edition of the Works and Correspondence of Adam Smith,* ed. R. L. Meek, D. D. Raphael, and P. G. Stein (Oxford: Oxford University Press, 1978), p.314.

[6] Idid., p.314.

在此问题上，他与卢梭之间的分歧不可辩驳。我在此假设，斯密的论点在事实上有意反对卢梭。正如斯密在这一段中清楚说明的那样，关键问题是对自由的诠释。尽管他们原本不会对自由怀有极为不同的论调，但在自由与政治社会如何创立这一问题上，他们的确存在分歧。关于现代自由和法律，他们讲述的历史有所不同，这最终又导致了政治观点上的差异。既然他们共享了相同的起点——自然社会性之缺乏——他们不同的法律起源史就通向了不同的商业社会中的政治视野。这一差异源自何处，又将通向何方呢？

就在卢梭宣布法官与法律起源之合适序列的同一页，他解释道，人民决定任命法官和将军来提升他们自己的自由，而不是为了走向奴役或依附。这也是斯密的观点。然而，他们看待两个关键性问题的方式却大异其趣。第一个问题是他们对于习俗之本性及其历史的理解。易言之，就其与社会契约有关的观念而言，他们意见不同。众所周知，休谟破坏了这一观念当作历史现实之图画的基础，尽管他承认其不可抗拒的规范逻辑。[7]斯密在其格拉斯哥讲座中，忠实地复制了休谟对契约主义的批评。[8]他和休谟的目的并不是拒绝社会契约论观念，而是用一个貌似更加真实的历史叙述来取代法律和政治规范性的契约历史。（我们应该注意，这里的历史指的是理论历史——时间线上的概念序列——所以，卢梭与斯密之间关于法官与法律出现之合适序列的辩论很重要。）

52

休谟的观念是要用协议（compact）取代契约（contract）。通过试错，经过一段时间后，真实的合作行为就浮现出来。人们通过这些真实的合作行为表达默许的同意，这就是协议。正是这类思想支持着

[7] Hume, *Treatise of Human Nature,* T. 3.2.7-10; SBN 534-567; Hume, "Of the Original Contract," in *Essays Moral, Political and Literary*, ed. E. F. Miller (Indianapolis: Liberty Fund, 1987).

[8] Smith, *Lectures on Jurisprudence*, pp. 315-317, 402. 洪特讨论了斯密之引用休谟反驳洛克契约理论的论证，见 "Adam Smith's History of Law and Government as Political Theory," in *Political Judgement: Essays for John Dunn*, ed. R. Bourke and R. Geuss (Cambridge: Cambridge University Press, 2009), pp. 138-140。

法官先于法律存在的观念。一个能干的人解决了个人之间的冲突。当人们请求他一次又一次地来做这件事情的时候，他就事实上成了一个法官。当这一行为的效用为大多数人所见，一个体系、一个原则就得以创立。当由专家做出裁决的行为得到广泛扩展，实践行为就得到了规范化，其原则也法典化了。休谟强调，对分配程序的这种规范化并非适用一切情形的正义。对那些生活在中等匮乏处境，具有大体类似的身体与精神能力的有需要的个人而言，它则是必要的。[9]对他们来说，生存需要支配了私人财产的发明，而且在同一过程中，他们也创造了正义机制。对休谟来说，正义和财产是具有共同边界的范畴。

卢梭与斯密正是在这个节点上分道扬镳。在解释行政官和法官的创立时，卢梭指出，人们为他们自己选择上司，以便从这一交换中获得某物，而非接受他们是输家。在财产问题上，卢梭看不出对人民有哪种好处。为了让财产划分能够存活更长时间，人们须要自愿接受它们。如果私人财产只不过是由上层力量强加给人民的不义，那它就不能获得稳定。这意味着，卢梭不得不尝试另一路径。但是，唯有当人民受到诱惑性修辞的欺骗时，大多数人才有可能自愿接受此种不利情况。作为一种法律体系的私有财产诞生于一场骗局，这一事实肯定会永久消极地影响社会的发展。卢梭论称，私有财产的不平等具有发展和扰乱任何以此为基础的政治安排的趋势。卢梭描绘了一个摇摆于专制主义与平等主义之间的黯淡未来，创造了政治不稳定的反复循环或旋转（gyration）（作为 18 世纪的术语）。这并非斯密的观点。

53 斯密不同意，并非因为他对私有财产和不平等存在幻想。实际上，他是两者严厉的批评者。然而，他接受的是，长期来看，商业社会具有有益的趋势，为大多数人创造越来越多的平等和物质福利。很清楚，这并不是卢梭在《论不平等的起源》中的观点。他们为何会产生分歧呢？

卢梭与斯密都创造了正义与社会的自然历史，以解释法律与政治

[9] Hume, *Enquiry concerning the Principles of Morals*, 3.1–7; SBN 183–186.

的起源。事实上，他们都像休谟一样为其理论接受了相同的参数。他们对在中等匮乏的情况下有所需要的人的正义很有兴趣。易言之，处于中等匮乏情况下意味着，处在西欧的政治经济条件下，或许包括了某些地中海地区，比如希腊。所以，他们对那些居住在适度气候中的社会的起源和历史感兴趣。如果用卢梭《二论》中的术语，从理论上来说，他们是对那些人类结社原因是生理需要的社会的历史感兴趣。

卢梭和斯密都接受了霍布斯对亚里士多德的反对，否定人类原初社会性，以此作为他们的起点，开始他们对道德和政府史的塑造。就像霍布斯一样，他们看到人类有生理和精神的需要，精神需要强大且具有破坏性。这是为何精神需要之满足——寻求承认——是人类社会的核心议题。霍布斯聚焦于精神需要的控制，尤其是通过政治来追求骄傲或荣耀。可以说，在卢梭与斯密看来，物质和精神需要的相互作用在顺序上更加接近，更具有持续性，也具有更强的发展演化特点。因此，与霍布斯相比，他们更多地把基于经济和效用的社会结构置于社会思想之前沿。鉴于霍布斯从政治的诸多基础里排除了社会性和效用，那些追随他的人则出于各种目的试图找回其中的某些因素。在这里，我们只对其中的某一些感兴趣。一个有趣的争论模型是法国奥古斯丁派，即所谓的冉森主义者模型。他们始于一个很强的关于堕落之人的基督教学说版本，并接受了在地上之城中，作为缓解因堕落而生混乱的霍布斯政治人造物的解决方案。他们关于堕落之人的观念非常类似于霍布斯非社会或反社会之人的观念。堕落之人是没有爱与仁慈的造物，他们全神贯注地追求虚荣与爱欲，但却仍然生活在社会之中。从这个角度，商业效用表现出作为一个缓和的第二位社会性因素在起作用，它能够帮助稳定政治体系，制止由精神需要推动的无止境的竞争。[10] 孟德斯鸠的现代君主制观念属于这个政治论述家族。法国绝对主义的一个冉森派批评者，如皮埃尔·尼科（Pierre Nicole），清楚地看到，刀剑的惩罚性主权不足以建立持续的秩序。不满和竞争

54

[10] 洪特讨论了法国的冉森主义者，见 "Jealousy of Trade: An Introduction," in *Jealousy of Trade*, pp. 46–51。

若要得到中和，它们就需要比赤裸裸的权力运作更多的东西。相反，主要的权力运作却不得不以效用为诱饵，来捕获堕落之人——或者，更确切地说，接受对荣耀的追求与色欲（concupiscence），认为它们与效用混合在一起，或是借效用表达自身。尊敬财富，欲求物质的华美，将其视为个人荣耀的外在标识。两者都会腐化情感，对堕落之人的心灵具有难以抵制的力量。在国家作为正义护卫者的法规监护下，效用和骄傲可以通过如下方式结合起来：其结果将直接有助于和平与社会的改良。这种论证的实质在于：关于承认政治对社会的纯物质、心理或经济联系的统治地位，它维持了典型的霍布斯式观点。所以，在冉森派的事例中，霍布斯的习语与基督教神学交织在一起。另一方面，卢梭与斯密都撤回到更为纯粹、原始的霍布斯式（伊壁鸠鲁式）习语当中，他们的同时代人能够清楚看到这一点。的确，只不过在近期（我的意思是 20 世纪），政治理论家们才丧失了清晰识别这些习语的能力。

卢梭想要表明，冉森主义者－孟德斯鸠派的解决方法非但不能在霍布斯的基础上予以改良，反而摧毁了其主权学说的力量。当他继续论辩，商业效用与寻求承认共同推动了霍布斯的国家进入集权化的极端，但并不能让他的这种政治类型变得稳定（正是在卢梭这面镜子里，下面这点才变得清晰：霍布斯不是，也不可能是现代商业政治理论家）。斯密像休谟一样，采取了一条相反的轨迹。他坚持认为：如果在一个正义和法律的框架中，承认政治与效用追求之间的动态能够使之完全展开自身，那么绝对政府就是不必要的。正如休谟所坚持的那样，政治有两条支持原则：自由与权威。他声称，霍布斯是政治权威理论一个伟大的创新者，但因其时代独特的政治情况，他过分强调权威。好的政治理论必须维持自由与权威的共同参与。[11] 关于权威与自然的关系，卢梭与斯密做出了相同的处理。有评论者认为，卢梭通过让政治远离权威，偏向自由，在反霍布斯主义的立场上走得太远。然而，这一观点实质上没有任何功绩。卢梭论称，法律比政治更

55

[11] Hume, “Of the Origin of Government,” in Miller, *Essays Moral,* p.40.

具相关性，为了理解这一点，人们就必须非常准确地在人类社会的发展中理解自由与权威的关系。斯密在法律与政府的历史与理论中做了相同的论断。两人都着力用类似的术语建立这一宏大主题的历史化理论——法律权威的可能性。

在这篇论文中，效用被赋予了许多意义。一种含义是自由，尤其是在休谟与斯密用法中的自由。它也象征着通过需要创造的，作为经济关系的社会。政治不只在权威里，还在效用中有其根基，它依赖于一种被认为是经济互动模式的社会概念。很长时间里，斯密的读者将此视为其底层政治体系唯一可见的因素。那些寻找马克思的前辈的人发现了他的四阶段理论。它依据生活模式或定义了基础社会的生存模式来为政府和其他社会机制分类。颇为著名的是，斯密列举了四个这样的阶段：狩猎－采集阶段、游牧或畜牧阶段、农耕阶段以及商业阶段。我们知道，甚至在他出版《道德情感论》之前，他就发展出了这种理论。当斯密从牛津回到苏格兰，他最初的谋生方式是在亨利·宏姆（Henry Home）即康姆斯勋爵（Lord Kames）的资助下在爱丁堡教授夜课。康姆斯勋爵是一个地主、文学家和苏格兰高级法官。我们对这些讲座所知甚少。但是，斯密曾经讲授了两个系列，一个系列是修辞学与文学，一种美学课程，另一个系列则是关于历史和法理学原则的。他的四阶段理论最先出现在第二个系列的讲座中，并且与 1745 年詹姆士党人叛乱之后苏格兰精英的兴趣，尤其是康姆斯的观念相协调，因为他致力于使苏格兰法律现代化，清除其封建残余。56 这种法理学理论首先在此种智识环境下显露。它旨在论述：当社会变化时，法律也不得不发生改变。我们通常的惯例是，在现代自然法理学传统中，尤其是在其财产权理论和关于经济发展的观念中来识别这种阶段理论的思想起源，一直追溯到古罗马关于农业和庄园管理的思考。其论述也标志着孟德斯鸠《论法的精神》的巨大影响。《论法的精神》是一部论证法律和行政改革的著作。当法律变革与基础社会之精神一致时，它就授权认可法律变革。斯密的朋友们持久地论证，当他开笔撰述法律和政府的历史理论时，他实际上接受的不是格劳秀斯的挑战，而是孟德斯鸠的挑战。这是继《道德情感论》之后，斯密

第二部著作的计划（它并非《国富论》，而是一部未刊行的作品，在斯密死后被付之一炬）。他于1759年在《道德情感论》中对此做了宣告。[12] 人们可能会认为，出于编年的原因，人们必须把法律和政治学计划视为斯密道德哲学的延伸和继续，正如现代美国思想中经常出现的情况。但是，我们按照另一种方法来认识思想谱系的序列。《道德情感论》就是过去的那类道德理论（我们看到，许多当代人将其视为社会理论，而非道德理论，从而将其忽视），因为它已是斯密已经着手开创的法律与政治学事业的序曲。关于斯密在1755年的思想——这一年，他写作了对卢梭的评论，我们所有的唯一证据是一部现在已经遗失，但在18世纪90年代杜格尔德·斯图尔特写作其回忆录演讲稿时仍可获得的残篇。在对18世纪上半叶法国理论思想之关键回忆中，这部残篇处理了政治改革和自由贸易。我要表明的是，《道德情感论》中同情的自然史与斯密的法律自然史拥有相同的结构。两者都以人们彼此评价、防范残酷批评为中心——一个是以个人的或道德的术语；另一个则是以制度的或法律的术语。在这两种情况中，57 斯密都将休谟的作为人为德性之正义的自然史当作其原型使用。与卢梭不同，斯密拒绝把契约观念当成从事实到权利、从历史到规范、从"是"（is）到"应该"（ought）的构成性因素来使用。（休谟并非真正反对从"是"中发展出"应该"，尽管他批评对之加以思考的诸多不恰当方式。）[13] 在他的反契约论（anti-contractarianism）中，斯密追随休谟，卢梭则追随霍布斯。如果卢梭也已读过休谟，我们绝不会知道将会发生什么。为了更进一步澄清卢梭－斯密之间的比较，人们须要恰当地理解休谟－霍布斯之间的关系（休谟攻击洛克，却不攻击霍布斯），但这不是我的主题。在这里，人们可以使用黑格尔的术语 *Aufhebung*（英文直译为"lifting up"）* 来描述它，因为在这一互动中有一种辩论的辩证法在起作用。哈奇森攻击霍布斯，霍布斯也攻

[12] Smith, *TMS*, VII. Iv.37.
[13] Hume, *Treatise of Human Nature*, 3.1.2.27; SBN 469–470.
* 中文一般译为"扬弃"。——译注

击哈奇森。所以，休谟无可奈何地要在一个更高或得到更恰当消化了的、哲学的层次上重述某些霍布斯的观念。斯密叛离了哈奇森——他原先在格拉斯哥的老师。斯密也遵循了这种辩证法。对于他们两个人而言，在霍布斯的基础上加以改良就不得不涉及从国家的自然历史中排除契约因素。

让我们回到这一观念：在政治学中重新强调效用（在霍布斯对其攻击之后再一次强调）产生了根据经济组织构造的历史阶段理论。斯密非常著名地与此行动联系在一起。然而，卢梭在同一方向上的行动吸引的关注要少很多。但是让我们在“三论”（《论语言的起源》）中倾听卢梭，尤其是原本为《二论》即《论人与人之间不平等的起源》写作的那些部分。卢梭在此文本中论道，“人类的产业因需要而产生，亦因之而扩展”：

> 关于人类可以获得的三种生活方式，狩猎、畜牧与农耕，第一种发展力量、技巧、身体的速度、灵魂的勇气和灵巧。它令人变得坚硬、残忍。猎人的土地并不能长久地为狩猎所用。人们会在漫长的距离里追赶猎物，因此就产生了马术。逃跑的猎物必须被抓回，于是有了轻武器、投石器、弓箭以及标枪。畜牧的技艺，安宁与懒散感情之父，是最自足的技艺。它几乎毫不费力就给人提供了衣食。它甚至还为它提供了住处。第一代牧人的帐篷由动物的皮毛制成；方舟的屋顶、摩西临时的房屋也是如此。对于农业而言，它后来才产生，并包括了所有的技艺。它引进了财产、政府、法律，也逐渐带来了悲惨生活和罪行。对人类而言，它们与善恶的知识密不可分。[14]

58

这与斯密的阶段理论并无那么大的不同。当卢梭从这一经济发展三阶段的描述中得出他的结论时，他们间的相似性甚至变得更为清晰：

[14] Rousseau, “Essays on the Origin of Languages,” in Gourevitch, *Discourses and Other Early Political Writings*, pp.271–272.

> 此前的划分回应了联系社会加以考虑的人的三个阶段。原始人（savage）是猎人，野蛮人（barbarian）是牧人，文明人则是耕种土地的人。
>
> 所以，不考虑人们是否探究艺术的起源，或研究最早的道德［或生活方式，*moeurs*］，每一件事情都被认为在原则上与提供生存的手段联系在一起。在团结人们的手段中，对那些事情来说，它们是气候与土地之本性的功能。所以，语言之多样性、它们相反的诸多特征也必须用相同的原因来加以解释。[15]

这些观念出现在关于语言的几段论述中。这些论述试图填满《二论》的第一、二部分所描述的人类故事的缺口。在此语境中，卢梭重述了他对于霍布斯自然状态模型的著名抱怨，即他认为霍布斯的自然状态模型是非历史性的。他将其描述为欧洲人的谬见，即欧洲人假设人类史只发生在欧洲。恰好相反，他论道，人类源自热带宜人的气候，所以是源自非洲。在那里，原初人类的柔弱或愚笨并不适用。欧洲史是一场大迁徙的结果。由于灾难或导致人类从一种气候迁徙到另一气候的自然事件，人这种动物与其习惯之间的联系被打破。所以，标准的故事当然可以用于欧洲，却不能用在整个人类身上。欧洲社会的确是由需要和效用创造的。卢梭论称，在寻求社会及同伴的帮助时，“帮我！”是一个人向另一人发出的直接的呼吁。但是，在原先的南方人身上发生了什么事情呢？他们没有社会，因为他们没有致命的缺点，所以也没有对他人的真实需要吗？他们的人类潜能和激情要永远受缚，处于潜伏状态吗？在非洲没有人为社会性得到发展吗？没有寻求认同的人类需要吗？我们都知道，卢梭努力将语言之起源确立为社会性的原初载体。由于内置在此努力中的困境，卢梭就在《二论》的文本中留下了部分尚未展开的故事。这就是那部分没有展开的故事。在论语言之起源的论文中，他尝试解决此问题。

59

［15］ Rousseau, “Essays on the Origin of Languages,” p.272.

叙述的第一阶段仍然是一则关于效用的故事。社会只有在人类有规律地聚集的地方才能被创造。甚至在非洲，这也必须是由于某些生理需要。这仍然是一种基本的动物需要，就像卢梭强调的那样，因为动物在非洲以类似的方式行动。他把我们正在讨论的必需（necessity）等同于因为口渴产生的对水的需要。非洲人在河流、绿洲以及水井旁边聚集。然而，一旦聚集在一起，他们就开始与动物相区分，因为他们自己彼此进行比较，认识到他们的人性，并认为自己属于同一个种群。他们开始发展出一种原初的比较性的社会性自我。在《二论》中，卢梭展现了自尊在五月柱节村庄的突然兴起，一幅欧洲文化中的社群主义的肖像。并且，他也表明，人类最初的外貌歧视创造了导致输赢的竞赛。在论语言的文章中，相同的故事用到了非洲人身上，他们聚集在大草原的泉眼旁。他们不是出于需要来创造社会，以满足其合作中的生理需要，因为水是自然的公共资源，饮水则是一个人行为。他们是出于对承认的心理需要，出于自尊来创造社会。他们直接的呼喊并非"帮我！"而是"爱我！"。

言辞开始于一种寻求承认的姿态、一首歌和一段旋律。言辞的社会性不是经济需要的孩子，而是文化需要的孩子。它由人类心灵潜在的美学、由对爱与秩序的探求而得到构建，因对自然和他人的惊叹而得以推动。斯密充分分享了这些观点。但在这里，这并非直接的关注点。根据卢梭，言辞具有一种南方和热带的起源，其发展先于人类被迫迁徙至北方。那些抵达北方，发现其身体在新环境下处于严重匮乏状态的人已经能够言说并请求帮助了。卢梭认为，在不合宜的环境中，北方的人类语言为残酷生活所摧毁。在那里发生的是，寻求承认的社会（society of recognition）被相互需要的效用社会遮盖住了。其后果相当惊人，既有好的方面也有坏的方面。无论好坏，北部的历史由需要塑造，因此便由经济生活模式塑造。南方并不存在许多历史阶段，而仅有一个。作为发展过程的历史是北方的创造。 60

卢梭和斯密都兴致勃勃地讲述这个北方和欧洲的故事。这是一个发展的故事。需要要求一种克服它的努力。此努力产生思想发展，释放人类潜伏的诸种能力。在对人类环境的利用中，它也产生变化。在北方，物质和心理需要驱使人们向前。爱的社会与需要的社会两者彼此缠绕，提供动力之源（请注意自爱［*amour de soi-même*］和自尊［*amour-propre*］两者中的“爱”——这些是爱，而非理性或理念）。在人们能够考虑幸福生活之前，人们不得不考虑生存意义上的生活。用卢梭自己的话来说：

> 相互需要比情感（sentiment）远为有效地将人们团结起来，社会仅通过劳作就得以形成，永在的死亡危险不容许一种仅限于用姿态加以表达的语言，他们的第一个词语不是爱我，而是帮我。[16]

斯密论称，卢梭（在他之前还有曼德维尔）不能使诸法的源头适于这个发展的故事。卢梭理解，正义是人为的，而非自然的。易言之，如果它是习俗性的，它就必须为习俗所发明。习俗在逻辑上的原型或其理想类型便是一种契约。休谟开拓出差异，斯密则予以跟随。当休谟描述出另一种观念的框架时，斯密则开始著述其自然史。斯密声称，一种被他称为共和国（republic，或 *res publica*）（在宽泛的意义上允许两种狭窄意义上的共和国，君主国也可称为共和国［*rei publicae*］。与霍布斯相比，他是以与孟德斯鸠和卢梭相同的方法来使用这个术语的）的适当的合法政制首先出现在经典意义上的古代——先是在希腊，然后是在罗马。他论称，这一发展是漫长且复杂的历史之结果。它并非以此等法律的发明为起点，而后法律本身成了一个越来越复杂的制度化的漫长过程的主题。恰恰相反，这些法律（或权利）的观念是一个漫长的、逐渐制度化的过程的顶点。法律出现的基础结构机制是社会的强化。人们接受了，社会自身因需要而结合在一起。我们已经看到，卢梭也以类似的方式来塑造他的阶段理论模式。他写道：

61

［16］ Rousseau, “Essays on the Origin of Languages,” p.279.

> 每一事物都被认为在原则上与人们赖以谋生的手段相连。对那些将人们团结起来的手段而言，它们是气候和土地的自然功能。[17]

卢梭进一步将法律义务的兴起与第三阶段联系起来。“正如对农业来说，”他写道，

> 它较晚才兴起，包括了所有技艺；它引入了贫穷、政府、法律；它逐渐引入了悲惨和犯罪，使我们人类离不开善与恶的知识。所以，希腊人不只将特里普托勒摩斯（Triptolemus）视为一种有用技艺的发明人，还把他视为给予其最初教育和最初法律的一个创建者、一个明智的人。[18]

斯密完全分享了这一观点，但他又更进一步。卢梭并未谈论第四个阶段，但他却知道它是什么：城市化和城市的兴起；城市具有稠密的人口和日益频繁的交易过程。斯密将法律义务之兴起（你也可以依偏好称之为*法治国家*［*Rechtsstaat*］）与希腊等同起来——不仅与希腊农业的兴起等同（尽管它从那里开始），还与雅典城市与政体的建立等同起来。他认为古代雅典是一个初生的都市或商业社会。 62

我仍未细致讨论，斯密如何展示：先有法官，在这之后才产生法律。这包括了社会发展最初的两个阶段，狩猎-采集和游牧。其原因是，我敏锐地展现出：卢梭和斯密的思想在根本上有多么相似。他们都在对孟德斯鸠的思想做详尽说明。《论法的精神》的作者也通过指出地理因素来开启他对希腊发展的解释。卢梭痴迷于此。希腊政治的摇篮在阿提卡（Attica），它不是这个国家最肥沃的部分，而是最贫瘠的部分。在那里，人们须要将多种努力结合起来，从而造就了宏伟壮丽之结果。斯密将希腊法律制度和农业的兴起描述为游牧转向农耕阶

［17］ Rousseau, “Essays on the Origin of Languages,” p.272.
［18］ Ibid.

段，然后转向城市商业生活模式的过早或特殊的例子。这不是全球甚至大陆范围内社会政治转型的一部分，而是一种先锋性的发展：在亚洲和大部分欧洲连续未间断的游牧生活的海洋里，创造出一个进步的岛屿。这便是为什么古代共和国的法制最终被包围它们的游牧民族摧毁的原因了（我们在此已能看到，这并非纯粹的经济故事，也是一个非常重要的军事故事）。

一个真正具有划时代意义的、从游牧向农耕（随后向商业）政治的系统性转化只出现在现代欧洲的历史当中。在希腊，从游牧向农耕的转变是一个重要但却孤立的现象，由地理上的意外决定。早期希腊是一个亚细亚式的游牧民族，占领了相对欠发达的阿提卡大陆。阿提卡具有清晰的自然界限，领土易于防卫。空间的不足迫使希腊人用固定的农耕行为取代了游牧生活，从而产生了迅速的经济增长。希腊人发展出一种剩余，这反过来又支持了人为的工业和商业。此种经济发展具有重大后果。斯密论称，他们的财富需要强有力的防御。所以，希腊政治学最先的变化不是在经济逻辑的左右下发生的，而是这一财63 富产生的安全问题之结果。对于亚洲方面的威胁，阿提卡受到山峦的保卫，但它却拥有一个没有保护的海上边界。对付海盗，最好的防卫应对是将所有人口聚集到一个保护良好的有围墙的定居点。以这种方法，希腊人发明了农业的城邦或共和国，城市化也极大地改变了希腊的政治。

此前，希腊人具有一种后游牧共同体结构。每个村庄都有其自己的族长（chieftain）。然而，在城邦中，没有此前的部落长官能够统治他人；没有城市范围内的长官能够浮现出来，并建立起一个游牧君主国。进而，既然空间有限，城市拥挤的本质使早先游牧共同体具有的巨大不平等之特征变得不可能。雅典民主的诞生反映了城市中不断增长的财产平等主义均衡。法律服务的需要也随着经济增长上升；既然没有人能够孤独地坐着就信任单个法官的裁断，所以最初采取的是相互裁断的方式。这些司法团体后来成了立法团体，并且仅仅在那时，共同体才真正创造了法律及法律政体。为了对古老商业社会中法律的兴起做出充分的解释，斯密使用了罗马的例子。他视罗马为古老共和国家族的另一成员。

斯密与卢梭一样对罗马痴迷。《二论》开篇便比较了罗马与日内瓦，并计划论述他的现代共和国如何必然纠正罗马的错误。这幅图景后来在《社会契约论》中得到了充分发展。我将在此后回到这些观点中的某一个，尽管我担心可能遭遇卢梭在第戎的相同命运：他试图以其《论不平等的起源》去摘取学院大奖。省级科学院的做法是每天下午宣读一篇获奖文章，并对其做出评价。甚至在它可能遭到谴责或赞扬之前，科学院就中途放弃宣读卢梭的大作。它太长了，无法口头理解，因此被认为不适合这种情形。

最后，为何卢梭与斯密彼此站得很近，结果他们的政治学却仍然不同？个中有许多原因。一个原因是：卢梭是日内瓦人，《社会契约论》阐释了一个与日内瓦相像的城市共和国。在这里，通过使它表现得就像古老城邦的政治，尤其是罗马共和国的政治能够持续到一千五百年之后，长时段的欧洲史可以被切短。对斯密而言，古代和现代的欧洲历史之间有一巨大的裂口，它们属于两个不同的政治周期。现代欧洲自由不能轻易地想象为古代城邦自由的继续，因为在它们之间是罗马帝国的毁灭，欧洲人口的彻底改变，以及封建主义的兴起及后来的瓦解。尽管存在许多可以回溯到罗马的联系，但现代欧洲政治不再是城邦的政治。为了解释这些环境之下的法律，人们必须解释封建主义的瓦解和随后现代法制的兴起，它们发生在与英国相似的国家当中。在此意义上，斯密的历史是真实的欧洲的历史。卢梭的历史，至少在《二论》当中，则更多的是：在单一制度发展（名为不平等之兴起）的影响下，新亚里士多德主义的政府形式变迁史。卢梭的历史是逻辑的，而非对史实的展示。正如他解释的那样： 64

> 要理解这种进步的必然性，人们就不须要如此深入地考虑建立政治体（Body Politic）的动机，以及它产生的不便，无须把政治体的建立视为这一进程所假设的执行形式。因为，使社会机制

变得必不可少的那些邪恶也使它们的滥用变得不可避免。[19]

如果人们建立国家是为了保护个人财产，它就不能逃避其困境。卢梭展示的是：财产关系的动力是分裂性的，商业社会的本质若非不可能，也将使之难以摆脱其心理效果。效用以及效用与寻求承认的结合物都为现代经济机器注入能量。要控制它，效用和寻求承认——自尊——将不得不受到控制。卢梭想要表明，孟德斯鸠对政治和心理动力均衡的期待不比虔敬的希望更多，因为君主国以不平等、正式的敬重和自我评价为基础。这些因素不能从它们当中加以排除。的确，孟德斯鸠希望，正是君主国的这一特征、它们的荣誉和虚荣体系才能提供内在控制的可能性。所以，孟德斯鸠的批评者们才强调，为了确保法国的生存，一个更加平等的体系就必不可少。他们还强调，荣誉体系必须经历相应的改革。在他们看来，卢梭富有说服力地表明，如果仍然继续允许将效用和骄傲错误地熔铸在一起，那么要使法国从疾病中恢复过来就是不可能的。

65

斯密像卢梭一样坚持认为，我们在处理效用和自尊时，必须认为它们是相互联系的，而且是现代社会的本质特征。但是，在斯密看来，效用和权威可以基于不同于卢梭所描述的另一种政府与法律之历史，以不同的方式联系在一起。对斯密而言，卢梭的问题与其说是霍布斯的倾向，因为斯密像卢梭一样接受了主权学说，不如说是卢梭在阐述霍布斯政治主张的特定方面时对洛克的依赖。卢梭将财产的历史与政府的历史联系在一起的方式具有强烈的洛克式特征。洛克反对霍布斯的绝对主义和菲尔默的父权主义。在斯密决定要彻底翻检的地方，卢梭继续这一历史模式。斯密从休谟身上学到，洛克和阿尔格农·悉德尼（Algernon Sydney）关于权威的契约理论必须予以拒绝。卢梭沿着平行的轨道旅行，但却走到了相反的路上。

对斯密来说，关于法官与法律之优先性的争论，这已经不是一个新颖的关键问题了。洛克政治学有一个显而易见的特征，他将自然状

[19] Rousseau, "*Second Discourse*," p.182.

态定义为一种没有法官的处境。他曾有一个非常著名的论断，历史从来不是规范性的真实来源，因为过去不能约束现在或未来。然而，为了驳斥菲尔默的绝对主义，洛克在《政府论》下篇第八章发展出他自己的早期政府史，“论政治社会的起始”。第七章“论政治和文明社会”更为知名，是休谟和斯密反契约论批判的直接对象。在第八章中，洛克描述了政府的兴起。他认为，没有任何公开表达的或由法律阐明的同意，政府就出现了。自然状态是一种社会状态，但不具备制度化与集权化形式的裁断。然而，每一个人都拥有一种执行惩罚的权利，尽管洛克强调，在执行这种惩罚时，单一的个人在实践上具有最大的困难。在人类早期阶段，真正的惩罚是那类初生的、集体制定的正义。所以，我们能将政府之形成描述为公共正义权力的缓慢浮现。洛克的政府权威推测史以此观念为基础：尽管人类在法律和规范的意义上是平等的，但他们在身体和心灵能力上却不平等。这些自然不平等位于年龄和经验之基本差异的顶端，为早期社会中领导的浮现提供了条件。洛克解释，自然权威产生了一种弱的执行权力。甚至在其严格的父权功能终止后，大家庭中的父亲们仍然继续着他们的领导角色。后来，当更大的社会单元形成时，这些父亲们就成了部落首领，最终成为被称为民族（nations）的部族联盟的首领。法官如何在这些环境中浮现？就像洛克指出的那样，一个共同体更多是从外面受到其他共同体的威胁，而非受到内部的个人犯罪的威胁。所以，领导的观点，人对人的统治，最先源于处理外在安全事务的努力，因为这使军事统帅的创立成为必须。一旦军事领袖得以确立，司法权力就更容易创立。裁断或司法权力成了军事统帅的额外功能。一开始，他们的官职是选举产生的，但是随着时间流逝，它们往往转变为世袭职位。我们很容易将这一切发展都解释为以同意为基础，因为除了艰难的环境，它们并不由任何其他东西强加给民众。领导职位安排被自愿接受，因为它们满足了共同的需要，是实现公共效用、人民福利（*salus populi*）的工具。洛克强调，自然权威的统治基于幼稚的信任，以及对积累的且最终不可逆转的腐败的迫近危险毫无防备的无知。早期政府的腐败唯有通过积极反抗和革命方能逆转。这要通过创造立法权力才能实现。

66

对洛克来说，腐败是不可避免的，因为它是经济发展的效果。只有在社会和经济生活是单纯的且相对没有冲突时，自然权威和幼稚的、无条件的信任才是可行的。当货币（money）被发明出来，财富得到聚集，财产权得以扩大时，社会冲突的发生概率便剧烈增长。权力滥用的概率也随之增长。洛克《政府论两篇》中政府史的这一部分是极端框架性的，因为他只是轻轻触碰到运转着的因果机制：堕落之人是内在腐败的，他们的腐败倾向因私有财产的出现而得到进一步助长和怂恿，使占有和不义成倍增长。面对经济增长带来的腐败，人性中没有任何内在的自然防卫能力。金钱的发明打破了原始社会中所有的自然限度。唯有通过将公开表述的非竞争性法律同等运用于统治者与被统治者，借助刑事和惩罚性政治的极端行为，此种腐败方能得到克制。这种立法的发明要求建立一种基于同意的新政体，立法团体至高无上，执掌控制腐败之责。在他的《二论》中，卢梭接续了这一故事和洛克的财产权、货币理论的诸多因素，尽管他最终独立于洛克发展了它们。[20]

斯密沿着一条不同的路径前行。他的法律和政府理论史既复杂又细致，贯穿了欧洲社会－法律发展的整体。然而，如果我们将他与卢梭、洛克进行对比，其形态便清晰地浮现出来。首先，他的起点也是一段自然权威史。其次，很清楚，斯密做出了坚定的努力，将法律、政府的发展与经济的发展联系起来。洛克论称，不平等与货币破坏了好政府，这意味着：我们须要建立法律政治政体来抵制其腐蚀性效果。斯密不得不填充洛克在其早期政府史与现代英国宪政危机之间留下的空隙。进而，既然洛克表明，正是经济的兴起败坏了政府，斯密就不得不为这一特别的假设寻找到一种答案。结果，他提出了那一著名的理论：商业没有破坏，而是在实际上创造了自由与法律。在此意义上，斯密回应了洛克，也回应了卢梭。我将在本书的下半部分中考虑这些主要的特征。

---

[20] 洪特在《亚当·斯密的法律与政府史》（“Adam Smith’s History of Law and Government”，pp. 142–145）一文中讨论了洛克的政府权威浮现的历史。

第四章

68

政府的历史：共和国、不平等与革命?

我通过描述尤为令人惊讶的事实结束了第三章：卢梭非常细致地研读了洛克，并从洛克那借鉴甚多，最终与斯密在多重目的上进行争论。我们经常被教导，洛克的政治学在18世纪影响甚微，在不列颠之外的影响则更小。但在卢梭这里，我们则能看到确切的接受和影响。休谟论证说，洛克的契约理论即便在欧洲产生了一些影响，那也是非常微弱的影响。当然，洛克自己也以一种类似的方式予以争辩，在他著述之前，菲尔默的观念无人听闻。卢梭强调了他对菲尔默父权政治的反对。然而，当卢梭借助洛克和悉德尼来反对菲尔默时，他也就借助了这两个斯密和休谟将其与英格兰庸俗辉格主义及政党意识形态关联在一起的名字。通过某些方式，卢梭将17世纪英语辩论中的某些元素引入了18世纪中期欧洲的政治论述。今天，我们被教导着将洛克看作霍布斯的反对者，以及下面这种人的反对者——他的政治义务理论只有被理解为建立在根本的基督教政治本体论基础上才被认为是有效的。我们一点都不清楚，卢梭是否已经认识到，当霍布斯与洛克的理念在一起得到讨论时，它们之间存在矛盾冲突。卢梭不是一个反抗理论家，所以，洛克反抗权的理论基础对他很可能并不怎么重要。

无论如何，关于卢梭为何想要拒斥父权政治，我们能够看到许多原因。他从洛克那里借取来的主要是财产权理论。他从洛克那里借取来了财产权的劳动混合理论，这是一种斯密和休谟都将其作为技术欺骗加以拒绝的学说。它聪明地用添附的罗马法来替代因最先占有而获 69

得财产权的标准理论。最先占有理论的确存在缺陷，但洛克用所有权的劳动混合理论来替换也不是解决之道。然而，在确定其政府最初兴起的历史与理论时，它对卢梭帮助甚多。它允许卢梭论证，财产首先被创造出来，其次是政府通过契约产生。我将在后文中讨论，当此卢梭式习语与政治经济学问题关联起来时，它所展现出来的诸多面向。在这里，令我感兴趣的正是卢梭为其核心目的安排的财产首先出现、政府随后诞生的发展序列。

这个序列顺序在许多方面都是自然法理学传统中的标准顺序，在此方面，卢梭像依赖洛克一样依赖普芬多夫。然而，斯密打破了这个传统。我们拥有两部学生笔记。它们来自 18 世纪 60 年代早期，斯密在格拉斯哥大学所做的自然法理学讲座。它们的内容差不多是一样的。它们也仍然明显遵从着斯密从两位前辈那里继承而来的自然法理学讲授结构。这两位前辈是格肖姆 · 卡迈克尔（Gershom Carmichael）与弗兰西斯 · 哈奇森，他们两人都将普芬多夫当作原始文本来使用。但更密切的观察表明，这两组讲座在一个关键方面遵循了不同的安排。在 1763—1764 年期间（最后一年他做了讲座），斯密修改了其课程核心章节的序列。他不再首先考虑财产权的本质和起源，继之以对家庭法理学的探究，最后抵达政治和政府问题；而是首先探研政府的起源，然后才转向财产问题。他解释说，他想要从现代自然法的习语中撤回，转向罗马市民法的序列秩序，从普芬多夫转向查士丁尼（Justinian）。正如斯密在其讲座中说的：

> 民法学者（the civilians）从思虑政府开始，然后处理财产和其他权利。就这个主题进行写作的其他人则从后者开始，然后考虑家庭和公民政府。这些方法的每一种都有许多特别的优势，尽管看起来，民法（civil law）的优势在整体上更受偏爱。[1]

70

将自然法理学的序列铺展开来只是其解释内容的一个方面，例

[1] Smith, *Lectures on Jurisprudence*, p.401.

如，他的法律史不按财产－家庭－国家这个人们能在教科书中找到的纯粹逻辑序列排序，而是采取家庭－财产－国家的排序。这些事情的确重要。霍布斯认为，财产与国家必须被想象成是一起创造出来的。斯密的排序问题则关系到他在处理霍布斯这一观念时遇到的困难。我此前讲过，卢梭《论不平等的起源》的目的是要动摇孟德斯鸠的现代君主理论。如果是这样，这一表达就必须被解构。卢梭和斯密都是共和制、法律国家或共和国（*res publica*）理论家。对他们而言，共和国并不简单意味着集体政府，或由委员会领导的政府，而是任何形式的政府——一人统治、少数人统治或多数人统治——假如它是依法治理，而非由人治理。卢梭在《社会契约论》中认真强调，国家（*civitas*）或城邦（city）如果是一个坚固的共和国，那么它也可以是一个君主国。同样地，斯密有时也会谈论君主共和国，就像他大部分同时代人做的那样。孟德斯鸠将共和国与君主国区分为两种共和国。它基于某种程度上的不同分类。对他来说，君主制更多意味着由一人统治的合法政制。他将其定义为基于不平等的共和国。卢梭的目标是要摧毁这一共和国观念，并证明：以不平等为基础的国家必然会发展为专制主义，不再是共和国，即便它们最初为共和制，甚至民主制。卢梭志在昭示19世纪所谓的社会问题，任何国家内部法律平等和社会经济不平等之间毁灭性的张力。卢梭批评他所谓的18世纪政治学杰作——社会团结或至少一个稳定的社会秩序能够从自私行为人的行动中创造出来。自私行为人追求自己利益，由此却在无意识间服务了公共的善。在卢梭的时代，关于这 “政治学杰作”最著名的论断是孟德斯鸠的现代君主国理论。卢梭声称，这一体系不能最终保持与法律统治的一致。社会经济不平等将导致共和国权威——也就是合法性——的不稳定。 71

在《二论》的第一部分中，卢梭将霍布斯自然状态的理论观念转化为人类发展早期阶段的推测史。在同一作品的第二部分，他论述了政府的历史。然而，即便在非常弱的历史性意义上，这段政府史也不是历史性的。在那里，他提供了腐败从一种政府形式到另一种政府形式的发展模型。他的基线是：合法的政府只有通过国家中所有个人平等、自愿的法律契约才能形成。结果，他展示了如果缔约诸方在经济上不平等，他们的法律平等也将被摧毁。关于卢梭论述不平等之诞生的主要线索，我们很难给出一个非常简洁的概括，因为他将许多推测历史编织在一起。比如，自尊和语言的历史在本质上不是一种以经济为基础的历史，或在北方气候下经济合作的历史；它在本质上是奢侈的推测历史。（尽管我匆忙补充说，我们应该注意，在《二论》的主要文本里——没有脚注的文本——卢梭像逃避瘟疫一样避免使用“奢侈”（luxury）这个词。事实上，“奢侈”这个词没有在主文本中出现过一次。）卢梭假设，一旦人们比较性的自尊产生，在认知游戏中将他们转变为心理的竞争者，人们就开始变得彼此恼怒。正义和惩罚变得必需，但在法律诞生之前，法官并不存在。所以，在个人认为合适的时候，或当其身体与勇气允许他们施行惩罚时，他们就做出惩罚行为。唯有当个人是独立的社会单元时，这种情状才能够持久。当经济合作社会出现，人民丧失自我满足的能力时，法律个人主义就不得不走上经济个人主义走过的道路。两种体系都必须社会化。卢梭再一次追逐着两条论证的线索。一条线索与新需要的诞生有关，它的部分论证又是关于自尊的故事。只不过，在这个故事中，它现在的角色是刺激经济发展。在第五、六章，我将在政治经济学语境中对之进行探讨。另一条论证线索则是半法律半经济的论述，它与土地之长期占有向土地中的财产权的转变有关。这一转变导致了剧烈不平等的出现，并引起日益强大的冲突和暴力趋势，从而导致战争状态或无政府状态。从这种无政府状态中逃离规定了对法制的需要。何人因此得益（*Cui bono*）？卢梭问：谁由此获得了最大的利益？当然是富人，他们愚弄穷人，让他们相信镇压暴力也对他们有利。

72

穷人被出卖了，换来法律平等的真实好处，却不理解将其强加于未受规范的私人财产体系的后果。对于卢梭《二论》中的政府理论史，这故事中最重要的一点便是忽视了如下观念：在政府确立以前，在弥漫的无政府状态中，这通常能够被概念化为强者对弱者的统治。他论称，那在一切缺乏法律的处境中都是真实的。然而，政府之前的无政府状态必须被归纳为两大基础社会阶层（“富人”和“穷人”）之间的冲突。就仅关注合法性而非财产权的社会契约类型而言，卢梭认为，它维持了这两大阶层的生存，以之作为早期政府的基础特征。早期政府会变成何种形式取决于流行的社会构造，取决于自然权威。卢梭假设，人民选择领导人物是因为人民希望从他们的服务中获取一种利益。就像洛克对权威的自然史所做的处理，他假设，作为一种社会动力法则，领袖、行政官、将军会用他们的职位来获取经济优势，并在期限上让自己长久地拥有其官职——使之成为世袭职位。官职持有者创造并永远保持了社会政治不平等。人民接受了等级，因为他们希望彼此加以区别，但却不希望处于最低的阶层。他们接受了主人，这样他们就能够成为他者的主人。

从这一观点出发，卢梭公然追踪孟德斯鸠君主国的诞生，视之为由错误荣誉原则统治的不平等体系，一个由蔓延的自尊文化喂养的体系。自尊文化最终将每一种不平等都转变为经济不平等，它反过来又可表达为由财富和奢侈衡量的状态的差异。在其高度修辞性的语言中，卢梭把 18 世纪各国的腐败、常备军的兴起、以不同阶层之间的平衡或混合政府为基础的国家、帝国主义、奢侈以及空洞的礼貌融合在一起。易言之，他描述了，因为政府原则由荣誉和虚假荣誉日益剧烈地转向恐惧和冷漠，君主制如何逐渐变得越来越专制。正如孟德斯鸠在描述专制主义时强调的那样，这一定会导致一种在恐惧、无力和道德败坏中的平等。卢梭预测，这样的国家最终将会遭遇剧烈的抵抗和革命，并可能重启不断发展的张力在法律状态（政府形式）与基础社会不平等（由竞相寻求承认的文化推动）之间的循环。

73

卢梭用一种关于自尊的文化观点（也是政治观点）结束了《二论》。对于信从德性者的恼怒，卢梭坚定守持如下观点：腐败的人民不能在一种持存的风尚中得到重塑。除非不平等的原则、文化和基础性的不平等经济体系发生改变，得到重塑的国家诸成员仍将缺乏心理能力，不能转变他们在社会中塑造的自我。由社会病态塑造的造物不能站在那个社会之外，但注定要在一种往复的辩证法中复制其实质特征。对卢梭而言，革命是无效且具有深刻破坏性的现象；它不是重生，而是坍塌。

卢梭的《社会契约论》表明：如果因契约产生的法律建制不以富人和穷人之间的阶级战争为基础，相反，如果法治（the rule of law）以一种温和的社会经济形式为基础，这种文化是如何能够得以摆脱的。这个国家甚至可以由君主明确地加以统治，无须成为民主的。但是，它却不是孟德斯鸠意义上的君主国——以不平等、荣誉和虚荣文化为基础的君主国。此书之奠基于孟德斯鸠亦如此书之奠基于《二论》。它是对孟德斯鸠观念的一次尝试性修正和阐述。孟德斯鸠的观念为：共和原则便是爱国主义，或对国家的爱，它亦暗示了对自我，或更确切地说，对自私自我的压制。这种半奥古斯丁式陈述在18世纪引起了攻击。恰如君主国的臣民不能接受说他们缺乏德性，共和国公民也对说他们不能享受尘世幸福而心生愤怒。这种压制自我的观念暗示了这样一种观点：人类自我并非自然地为共和而准备。卢梭像孟德斯鸠一样，是古老意义上的乐观主义者——他如其所是地接受了人性，认为它是我们能拥有最好且最理想的人性，不能产生任何实质性改善。事实上，这正是《社会契约论》开篇那段论述的含义，它如其所是地对待人。卢梭形成的观点是：孟德斯鸠并未恰当解决，人民如何能够以一种持久的方式来压制他们的自我（“类人猿故事”的观点是，人类最后将对压制他们的自我感到厌烦，并选择孟德斯鸠的君主国）。孟德斯鸠的共和文化模式过于个人主义了，卢梭也开始表明，一种共和文化必须能够为借助 *moi commun*，一个集体的“我”来控制个人自我，产生一种集体力量。这种观念使他回到霍布斯，回到法人国家人格观念，即作为一个 *moi commun*，而非只是杂众的人民（people）。既然关键要点是避免在《二论》中描述的政府史，那么第二阶段的创造，通往君主制的行政官的创设就必须受到阻拦。作为政府的执行权能够在严格控制下生存，但立法权力（主权）不能转让。

74

那就是我们可以如此描述《社会契约论》的原因了：我们认为，《社会契约论》在努力重新发明霍布斯的国家，但却没有霍布斯的代表主权观念。卢梭在此面临一个艰巨的任务。他不能使用一致理论（concord theory），因为正如霍布斯表明的那样，这将使一种前政治或自然社会性理论成为必需，但卢梭并无此种理论。霍布斯认为，联合理论唯有通过法律的代表理论才能完成。若无霍布斯此种观念，卢梭如何能够创造一种联合理论呢？在卢梭那里，正如孟德斯鸠已经建议的那样，所有的权重都降临在成功地通过一种集体性来压制或控制自尊的文化和可能性上——它是由个人实现的，但却是在作为人民而非杂众的群体中。这不仅要求一个没有联合者（unifier），没有主权转让的新代表理论，还需要一个能排除奢侈的经济理论。当重农主义者有机会阅读《社会契约论》时，他们会引卢梭为同道，认为他是某种令人尊敬的重农主义者。米拉波侯爵（Marquis de Mirabeau），重农学派的共同创始人，就曾写信祝贺这个日内瓦人，赞美他在政治理论上的好品味。卢梭为此感到愤怒。重农学派的法律专制主义不是他能够共享的观念。他们梦想着一种纯粹的法律统治，一种完全实现的法律政体，而非人的政体。卢梭评论道，这就像梦想着使圆变得方正。75 它注定会首先失败。为了使纯粹的法治人格化，任命一类特殊的合法的专制君主也是一种错误，是一个概念上的悖论。统治者注定是亚当的一个孩子，一个堕落之人，他不可避免地具有那类需要受到压制的自我。但是，将权力给予某人并非压制其堕落自我最好的方法。权力常常会腐败，绝对权力甚至腐败得更加厉害。*Moi commun* 中的自我是一个纯粹法律的绑合，卢梭将其命名为公意（general will）。此外，公意不是一个人，因此也不是一个人类的 *moi*（我）。卢梭没能找到合适的语言表达来描绘他心中的想法。看起来，在清楚解释自己这一点上，他并不十分成功。当然，我们也不具备这样做的语言。国家理论仍是一团混乱。然而，这并非追问此特殊事件的时间和地点。然而，我现在要将注意力转向斯密，来使我的比较视野进展到下一阶段。[2]

孟德斯鸠是一位热情的历史理论家。卢梭对孟德斯鸠的回应就好像波尔多的贵族是一个霍布斯模式中的分析理论家。斯密没有这样做。通过研究真实环境能在政治革命中产生何种混乱，他从孟德斯鸠

[2] 洪特讨论了卢梭的主权理论，见 “The Permanent Crisis of a Divided Mankind: ‘Nation-State’ and ‘Nationalism’ in Historical Perspective”, in *Jealousy of Trade*, pp. 469-474。

那里学到，纯粹的自然法理学、分析性的政治－法律理论必须被一种研究取代：为何这些纯粹的模型从未实现。然而，斯密的历史具有政治上不同的色调。对孟德斯鸠而言，将政治理论写成历史意味着一种阻止革命的方法（当德国人“发明”*历史主义*［*Historismus*］时，他们承继了他的观念）。卢梭和斯密像孟德斯鸠一样分享了对革命与革命者相同的厌弃。但针对贵族问题和封建主义的遗产，他们拒绝了孟德斯鸠的法国方案。他们要么对它无知，要么有意忽视。事实上，他们的同代人和直接继承人因此转向他们的理论寻求建议，因为他们并未受贵族困扰。这意味着，在更加广泛的意义上，斯密写作了聚焦于古今共和国的法律和政府史。通过写作一部*共和国*的历史，就像卢梭对霍布斯的自然状态理论做的历史化处理一样，他也对卢梭做了类似的历史化处理。斯密用一种历史的叙述——或更确切地说，用一种理论历史取代了卢梭对政府的理论叙述。这就产生了三重历史。斯密像卢梭一样具有一种由历史阶段理论支持的人类早期阶段的历史，然后它还有由两部分构成的政治和法律自由的历史，或一种共和国的历史。后一主题有两个部分，因为它被分成古代史和现代史，就像牛津的历史课程一样。古代史部分包括自由与法制在希腊、罗马的兴起与丧失，以及随之而来的由西欧日耳曼部落带来的物理和道德上的摧毁。然后是现代部分，斯密在这里发展出他的现代自由史，在罗马衰亡和随后的黑暗时代之后重新获得的那类自由。斯密在这里有效地运用了他对孟德斯鸠的阅读，尽管不是出于其法国前辈所意图的相同的政治目的。恰如孟德斯鸠已经坚决宣称的那样，现代欧洲不是古代的延续，也不是在文艺复兴的苏醒中古代自由的复兴与重建。对孟德斯鸠和斯密来说，意大利共和国只不过是在欧洲历史中的穿插表演。斯密认为，现代自由最先在英国得到创建或重新获得，他一刻也不相信，英格兰自我吹嘘的现代法律政制原本是佛罗伦萨的旁系子孙，或是一种对罗马的重建（例如，后一种观念就能相对灵活地应用到日内瓦上）。然而，他必须写作一部复杂的历史，讲述欧洲的现代共和主义如何在大君主国中得到创建。现代自由具有一种与古代自由的联系，但必须指出，我们讨论中的这一自由带有迷惑性。

76

斯密的作品就像卢梭的作品一样，保留了最终的脆弱性。但是，正如卢梭的作品可以从两篇论文、狄德罗《百科全书》（*Encyclopedie*）中的政治经济学文章、《论语言的起源》、论政治制度的日内瓦手稿、《社会契约论》、关于科西嘉的论文、论波兰的小册子和其他材料中得到重新建构，斯密计划的法律和政府的理论与历史也能从其格拉斯哥法理学讲座的学生笔记、他的不同的文章、出版的两部作品（《道德情感论》和《国富论》）中得到重新建构。当斯密后来宣称，他在《国富论》中使用了这个材料中的一部分，我们认为，他指的是其格拉斯哥讲义中的政治经济学部分。事实上，他的意思是，他计划中的著作一半都已经在《国富论》当中作为它的第三卷发表了。对斯密这一较早版本的剽窃性吸收，作为现代欧洲绝对主义的理论历史，成了威廉·罗伯逊（William Robertson）《皇帝查理五世统治史》的导言（当然，就像所有导言一样，它是最后写作的）。如果我们考虑到这一点，那么我们就很容易认识到，第三章是何种历史。处理古代的那部分仍未出版，所以在斯密死前，一直有谣言称，他会出版一部古代政府的历史和理论。这一点的确能够从他的讲座笔记中重构出来。约翰·米拉（John Millar）关于政府的格拉斯哥讲座是对斯密的著作以讲座方式进行的直接重复，在已经付印的格拉斯哥讲座的大纲和讲座笔记中，三者能够一起得到审视。的确，米拉最终将三重结构的第一部分作为一本书出版，此即《阶层分化的起源》（*The Origin of the Distinction of Ranks*）。如果有人把卢梭翻译成了孟德斯鸠的语言，那么，为了识别这种翻译，人们并不必然要是特别适应 18 世纪散文的言说者。《阶层分化的起源》是米拉的——当然，原本是斯密的——关于不平等之起源的论述，以及它是否曾由自然法而合法化的论述。我不认为米拉是一个与罗伯逊同等意义的剽窃者，但我们不知道，这个得到一半授权的版本是如何出现的。米拉的文章被家人销毁了。我们也不知道，米拉是否知道，斯密的讲座有多少重新出现在《国富论》之中。

77

其相似性颇为明确，但是与之有关的评论很少公开。无论如何很清楚，斯密并没有写作财产的历史，而是写了作为不平等史的政治权威的历史。其中，有些内容与孟德斯鸠的君主国理论和卢梭的共和国理论有诸多联系。很清楚，这部分内容对孟德斯鸠进行了攻击。如果我们相信，18 世纪的伟大发现是共和主义，那便犯下了一个错误。不，在 18 世纪，令人振奋的东西是作为共和国的现代君主国。今天，我们谈论民主革命时代，以及作为其成果的现代代议制共和国，这是我们的现代国家形式。在 18 世纪的概念词汇中，现代共和国当然是现代君主国。亚当 · 弗格森是苏格兰启蒙中孟德斯鸠最密切的批评者和追随者。他清晰地宣布了危险：共和主义的狂热将现代共和君主国误以为古代共和国，并努力压制其现代因素。[3] 在斯密的法律、政府的历史与理论中，其思想战略的一个主要部分就是阻止这一可能性。孟德斯鸠已经在罗马的事例中对此加以论述。如果罗马在其国家形式中遵循了其经济基础的君主制转型（在孟德斯鸠意义上的发展中的商业社会里的君主制），半共和制半君主制国家（亦即，帝国君主政体或帝制）的危险杂糅就能得以避免。在这里，孟德斯鸠的著作《罗马盛衰原因论》就是一个关键文本。这是《论法的精神》的原始预告。我们现在经常遗忘，在 1748 年，伴随着《论法的精神》，孟德斯鸠再版了《罗马盛衰原因论》。这表明，这两部著作必须放在一起来读（它们也是一起被阅读的，托马斯 · 努根特［Thomas Nugent］用英文翻译了两部著作）。事实上，孟德斯鸠想要把他在 1735 年完成，但尚未出版的论普遍君主国的小册子折叠起来，加到里面。但这个计划最终由于法国政治事务而遭放弃。所谓的政治事务即奥地利继承战争的混乱结局，这预示了七年战争；而七年战争则被证明是法国伟大梦想的灾难。斯密的史前人类学物质主义（如果那正是它原来的样子）正是从此处浮现出来，在名义上是从孟德斯鸠对征服精神起源的分析中浮现出来。孟德斯鸠论称，征服精神必然被商业精神取代。

正如我已经说过的，斯密回归到洛克《政府论》下篇第八章开篇

[3] Adam Ferguson, *History of the Progress and Termination of the Roman Republic*, 5 vols. (Edinburgh: Bell and Bradfute, 1799); Ferguson, *An Essay on the History of Civil Society*, ed. F. Oz-Salzberger (Cambridge: Cambridge University Press, 1995).

非契约的政府史，它解释了从自然权威中浮现出来的政府如何因商业兴起而腐败，从而有必要通过革命建立由立法机构控制执行权的合适政体。以此观之，政体始于立法制宪行为，然后在立法主权确立的限度内发展政府的执行权。斯密想要将此论述回溯到其历史起源。在不是革命史的历史中，执行权最先浮现，然后是立法权；易言之，首先是法官，然后是立法权力或法律。这是对卢梭使用序列的颠转。斯密同意，社会的狩猎－采集阶段是真正的自然状态：那里没有法律也没有政府。然而，社会并不是从劳动分工或爱的欢庆当中浮现，而是从战事，从部落或民族群落的行程中浮现的。在一切个体中间存在着正义原则。当人们受到伤害时，他们气愤，充满怒火，欲求报复，所有自然情感都从个人心理构成中随之产生。如果人们有充分的心理力量来践行，那么惩罚是可能的。事实上，惩罚是相互的——不是通过组织起来的交互的正义法规，而是通过大众或集体愤怒同时爆发。惩罚是由伏兵或愤怒的群众实施。这意味着，惩罚是恐怖的，但并不频繁。当正义和惩罚的要求攀升时，一种裁判的机制就通过自然权威浮现出来。在这个休谟式的故事中，某些个人具有判断案件并给出权威建议的能力。权威人物作为领袖浮现，领导力的原初需要是在战争当中。联盟的或执行的权力创造了军事领袖，初始的司法功能便降临到他们身上。所以，法官最先出现，但是法律——抽象的原则——在之后才会到来。那里也没有任何种类的社会契约。再说一次，正如斯密指出的那样，这起源就具有了一种不同于革命性重建的结果。现代以及更晚的问题是，如何通过立法来使权力的使用变得温和，如何用权威取代强力。然而，一开始，就像洛克论称的那样，最先有权威和权力的创生，组织化的执行能力要在晚得多的时候出现。此间的诀窍便是解释，权威人物如何获得稳定的权力来源。正是在此关节点上，斯密引入财富作为最重要的权威来源，以之加以平衡。他论称，权威的占有——军事、司法、医学或宗教的——是财富之源，而非周边的其他方法。权威植根于服务他人，服务则须要支付报酬。承认心理学也指出，权威人物必须在财富上变得引人瞩目——他们应该成为肉眼可见的权威拥有者。占有的不平等首先归因于顾客向服务提供者的赠送礼物的过程，而非暴力之结果。[4]

严肃地说，不平等不是在土地财产被发明出来（这是一更晚的发展）时浮现的，而是出现在社会的游牧或畜牧阶段初期。动物财产是真正向前迈出的一大步，它使严格的财产积累成为可能。当这种情况出现时，权威人物——主要是军事领袖——就能够用财富获得巨大的优势。斯密不仅论称财富即权力，他还认为这种权力——稳定的权力——来自财富。财富创造了为贫者提供生计的能力。易言之，财富能够创造依附，这是权力真正的源泉。斯密声称，在历史的游牧阶段，权威与权力的结合是国家之源。这不是契约，也未以平等为基础。须要注意的重要事情是对历史趋向的研究。斯密没有将历史的世俗化倾向看作不断增长的不平等。然而，国家始于一个巨大的、极大的不平等水平。斯密认为，在现代世界，早期帝国和游牧军人政权国家具有的那类不平等特征是不可想象的。试想一想埃及诸法老（pharaohs）或成吉思汗。不，世俗化趋势是不平等的缩减。斯密追随洛克与曼德维尔，他在《国富论》中有一个著名的论证，认为现代工人比过去的帝王、非洲或美洲的部落首领生活得更好。[5]关于一般性的权力，他也声称了某些类似的东西。在商业创造自由这一理念背后，这是一个关键性的观念。因为商业创造了比财富聚集之初更多的财产不平等。像休谟一样，斯密是一个通透的哈林顿主义者。他们都认为，政府形式或政体类型反映了潜在的经济权力分配。权力随财产而来，但财产却随着人类历史的进展变得越发平等，而非其他的方式。古代城邦变成了合法性的摇篮，因为它们以巨大的不平等为基础，最先与游牧的生活方式和首领的游牧体系分裂。法律的兴起是经济发展的结果。当一种更加复杂的经济生活方式创造了越来越多对法律服务和一种适量、规范的惩罚体系之需要时，取代正义的公共规定

81

[4] 洪特讨论了斯密的财富和权威理论，见“Adam Smith’s History of Law and Government”, pp. 150-155。

[5] Smith, TMS, IV.1.10; Locke, *Two Treatises on Government*, ed. P. Laslett (Cabridge: Cambridge University Press, 1960), “Second Treatise,” chap.5; Bernard Mandeville, *The Fable of the Bees,* vol. 1, ed. F. B. Kaye (Indianapolis: Liberty Fund, 1988), p.366.

就变得越来越有必要了。众多个人法官或此类个人法官的出现要求控制他们自己的行为，我们需要管理引入法律和立法这一观念背后的服务。法律是维持对一个被拆解的或广泛分配的正义体系之公共控制的载体，数量众多的个人正义行为者提供了这一体系。如果正义只是简单地依赖每一个法官的良好感觉，那么就不会有法庭体系产生了。对判决行为的规范，对此可怕的判决力量的规范处在法律兴起的背后，这也只在对此类服务具有巨大需要的地方才会发生。在那里，由财富不平等创造的依附关系不会通过对权威垂直运用权力来践踏推进规范。在很长一段时间里，斯密强调，希腊人参与发展规范的公共正义体系。人们聚集起来，以阻止那些对他们造成影响的不义行为。这便是议会的起源，而非自由政治或自由意识形态梦想的起源。对公共正义的军事运用总可能存在；而其政治运用则会来得更晚一些。很清楚，对斯密而言，古代城邦（*polis*，或 *civitas*）是一种需要司法服务的城市商业社会，因而发展了它们。民主和法律不是道德想象的发明，而是一种高度精细、新鲜的城市生活方式完全合于逻辑的常规结果。如果你愿意，这可谓是对希腊民主诸源头的经济解释。

我们很容易看到，这将走向何方。当古代法治国家（*Rechtsstaat*）体系（或者也许只是法律）得以复制，那么自由可以重新在欧洲产生。当欧洲再一次达到雅典的商业文明和城市化水平时，它本可以获得法治。当然，这是公民自由。然而，我们要注意的一点是，对斯密而言，甚至古代自由也是公民自由——使个人免于因同伴的行为和判断受到侵犯的司法保护。在此体系中，政治自由意味着，保护个人权利不受强有力者的侵犯。强者可能用国家来追求他们的利益。卢梭在《二论》中如此完全地展现了这种腐败。在《国富论》第三卷中，斯密描述了发生在欧洲的商业社会和法律的重建。我将在第五章对此加以讨论。然而，首先，我将处理古代共和国的命运。 82

在一种纯粹的阶段理论中，正确的发展是由古人实现的。从现代观点来看，人们可以反对说：古代商业社会是一种奴隶经济，这本也潜在地展示了，法制的产生如何消除奴隶体系，并用一种基于劳动公民的模型来加以替代。实际上，这的确发生了，但却不是作为连续的、未被打断的发展之一部分发生的。在那时，甚至现在，每一个学童都知道，古代欧洲社会被哥特式的浩劫（Gothic holocaust）毁灭，甚至物理消灭。这因何发生呢？事实上，最初的解释——曾经的宏观解释——是最容易根据阶段理论来阐述的。希腊和罗马是发展的先驱，是欧亚游牧世界的海洋里的进步岛屿。他们非但没有使游牧民转向他们的生活方式，反而最终获胜的却是游牧民族。游牧部落是军事民族，对他们而言，发展与增长意味着借助征服来获取。古老的法制被军事力量或战争拔除。斯密将此视为一个令人着迷的问题。死亡并不会仅仅通过数量或人口不平衡产生，尽管这是一个关键因素。人们以令人警惕的比例，如蜂群一般迁出西伯利亚，向西迈进，最终征服罗马。希腊，然后是罗马也遭到东方帝国的威胁，罗马东半部最终屈服于阿拉伯和土耳其，屈服于诸穆斯林游牧社会。

令斯密感兴趣的是，军事能力在商业社会中、在希腊并最终在罗马的丧失。这些民族是富裕的，因此成了被持续攻击的目标，但是财富也给了他们发展成果——总体上的技术进步和资源。他们为何不能找到一种军事方案，来保证其生存安全呢？斯密在这里看到了仍与现代人相关联的一个系统性问题。当他发展出其思想逻辑时，他继续说，诸商业社会只有在发展出一套适宜的商业防御模式和总体上的战争模式时，它们才得以生存。他在职业常备军的存在中发现了钥匙。希腊和罗马共和国军队的问题是，他们的军队是游牧军队（民兵组织是军事社会的游牧模式），由于希腊罗马城市共和国对欠发达文明的优势，他们最终成了优胜者。然而，当经济发展改变这些社会的结构时，它们本也会改变其军队。孟德斯鸠曾经以概括性的术语论述过这一问题。斯密特别地将这一分析扩展到社会的军事组织。首先，经济发展、法律和国家的发展使希腊和罗马的民兵组织优于游牧帝国的军队，因为基于平等的民兵优于仅仅基于不平等且是极端不平等的民兵。但是，当商业社会进一步发展，它日益变为一不平等社会。这并非一种游牧类型的不平等，而是一种新型的商业不平等。这便动摇了希腊罗马民兵的平等基础。通过创造法制与平等，经济发展使这些国家变得强大，但是经济发展也毁灭了它们，因为通过破坏平等，它也

83

破坏了他们自我防御的能力——除非他们将军事模式改变为一种商业性的模式，名义上便是雇佣职业化的常备军。显然，不必过于细微解释就能清楚地知道如下信息：现代人不能重复这一错误。

当讨论古代自由之遗失时，斯密有目的地自由使用了文艺复兴和 17 世纪共和主义的论述。换句话说，他的资源是马基雅维里和詹姆士·哈林顿。斯密利用了马基雅维里《论李维》第二部分的章节以及哈林顿对它的修订。斯密声称，共和国有两种解决其安全问题的途径。[6] 它们可以成为防御性或征服性共和国，易言之，志在“保存”或“增长”的共和国。雅典是第一种共和国的原型，罗马则是第二种。

马基雅维里表达了对疆域拓展型国家（比如罗马）的偏爱要胜过防御性国家。对他而言，伊特鲁底亚联邦（Etruscan federation）正是防御性国家的范例。斯密表明，它们的区别以及相伴而来的偏好都是无效的。两种古代国家都消失了，即便罗马之衰亡过程比希腊的亡逝更为漫长。斯密的首要关注表明，一个纯粹的防御性共和国是不可能的，首要原因便是军事技术不可避免的变化。共和国的物质源头植根于如下观念：一个堡垒坚固的城市能够抵抗来自游牧军队的进攻（我们无须在此提及洛克关于财产获取的劳动理论，这并非那种对历史的经济解释）。然而，时光流转，军事创新偏摆向进攻者一边，防御工事因此丧失了关键性的军事重要性。更重要的是，斯密反复解释，经济发展和军事之间不相协调。作为一种具有城市内核的政治构造，共和国是一种先进的经济构造，鼓励了艺术和商业的增长。从事这些职业令人们不愿意发动战争。然而，阻止经济发展不是以城市为基础的共和国的选择。斯巴达能够做到，但斯巴达不是一个真正的商业共和国。斯密通过它们对奴隶的使用，解释了古代共和国的长寿。经济发展、商业和艺术皆由奴隶从事。因此，在一段更长的时间里，共和国

84

[6] Niccolo Machiavelli, *Discourses on Livy*, ed. H.C.Mansfield and N. Tarcov (Chicago: Chicago University Press, 1996), book 2, chaps. 1–4; James Harrinton, *The Commonwealth of Oceana,* in *The Political Works of James Harrington,* ed. J.G.A.Pocock (Cambridge: Cambridge University Press, 1977), pp.180–182, 273–278, 320–325.

公民被用于军事战争变得可能。

对斯密来说，让一个共和国成为防御性或是征服性的先定原因并不存在。正如马基雅维里在《论李维》中指出的那样，这个问题是由排外和包容的公民身份获取政策的选择决定的。公民身份的限制或排外政策导致了防御性共和国，包容政策则产生了一个扩张性共和国。然而，实质上，征服性共和国与防御性共和国的命运是相同的。对斯密来说，马基雅维里偏爱罗马选项的原因——扩张性帝国使得为公共繁荣、为共和国的强盛（*grandezza*）获取财富变得更容易——是无意义的。斯密认为，此类对财富的外在获取是游牧国家的特征。然而，相较于在征服的掠夺上变得富有，罗马经济组织中发生的这种转变要更为深刻。结果是，罗马追求的这种军事伟大变得像希腊的军事政策一样，与商业和制造业不相适应。与孟德斯鸠一致，斯密讨论罗马元首制的主要利益是要探究征服战略对内在共和政治制度的影响。

85

由于通过先发制人的战争，战略上的成功扫除了安全问题，罗马的解体被推迟了数个世纪。游牧国家是征服国家。因而，合适的防御姿态便是以彼之道还之彼身，并成为一个征服性的共和国。征服战略在共和国内部创造了一个巨大的军事实体，但这一军事建制的政治代价是巨大的。其存在促使罗马崩解为前共和国的、本质上为游牧型的政治形式，即名义上的军事政府。斯密将此描述为一种通过内部征服产生的共和政治的转型：共和国被自己的军队征服。罗马成了一个半君主制半共和制的军事政府。斯密解释说，尽管有这种政治军事化，帝制罗马与亚细亚军事政府之间仍然存在重大不同。罗马是一个后共和的军事国家，继承、保持并确实进一步发展了共和国的文治政府。其军事上的专制、其向一种亚细亚游牧国家的令人困惑的倒退，与一种严格的共和国文治法律政体并存。具有商业和制造业基础的内部的共和国私人领域与一种游牧 - 军事的上层结构结合在一起。此共和国私人领域使罗马在军事上非常脆弱。保卫国家安全便需要获得以劳动分工为基础的职业军队。真实的罗马方案，将国家防御外包给游牧雇佣军，则是一个灾难。当这些游牧军人转而针对其主人时，罗马便变得无法自卫。

这是文艺复兴共和论述中的一个核心原则：通过动摇公民品格和军事技艺，奢侈将会破坏罗马。很清楚，这是一种对历史的经济诠释。斯密支持它吗？是的，但却是有条件的支持。在《修辞和纯文学讲义》中，当他教导学生历史解释不能模糊地倒退时，他明确地提及罗马因奢侈而受到的破坏。通过提供一条有效性得到广泛接受的基线，人们不得不终结历史解释。罗马因奢侈而衰亡，此观念被普遍当作无可匹敌之真理加以对待。我们可能把它当成一条基线，用来解释共和国之衰亡。斯密本可论述，这一主题是错误的，但却并没有这么做。他关于古代共和国衰亡的解释发展成如下版本的观念：奢侈破坏了古典共和国政治。 86

这种观点颇为重要，不仅因为它使得比较卢梭和斯密关于奢侈的论述成为可能。人们常常争论，斯密对政治之经济基础的强调来自四阶段理论的法理学品质。但其欧洲法律和政府的历史并非单纯甚至主要是法学性的。他关于古代诸共和国轨迹的经济解释遵从了政治学的共和分析转向，包括对奢侈之结果的强调。如果斯密关于现代政治的结论徜徉于传统共和论述的地表，这不仅仅因为他偏爱法理学更甚于公民人文主义。而且，他将共和政治分析转化为现代政治科学，正如他将自然法理学转变为理论历史。他非但没有将两者分开，或用一种论述取代另一种，反而将两者结合起来。财富与奢侈主导政治与法律的观念在两个论述中都有出现。斯密忘记了一种新的现代共和表达，在这一表达里，此前的两种论述彼此强化。尽管这种表达在现代意义上并非必然自由，但是它传达了这个术语的原初含义。

当我们考虑斯密的欧洲法律、政府史的现代部分时，这将变得更为清晰。这是更广为人知的部分，因为它成了《国富论》第三卷。这里的故事不同于古老的那一个。在哥特牧人推翻欧洲后，他们按照巨大的领土单元，定居在前罗马帝国诸行省里。这些行省后来成了中世纪王国。日耳曼人代表了牧人政治。当他们在欧洲定居下来，他们就创造了封建主义，一种将游牧军事征服叠加在初期农业阶段构成的复合政制，其基础是民众在得到很好勾勒的部落或民族界限内的永久定居。封建政府不是以城市为基础，而是以分散的人口为基础。在一个人口分散的社区里，一种新的政治交流体系必须被发明出来。这是作为实行现代政府（与古代政府相反）模型的代议制的起源。

当日耳曼部落摧毁罗马军事帝国时，没有任何古代政治共和主义的残余得以存活。请注意，当斯密讨论中世纪城镇在现代欧洲历史中的重要性时，他并没有在政治上把他们等同于古代城邦，他也未假设，城邦政治的逻辑与机制能够简单地转化为巨大的领土王国。注意到这一点至关重要。巨大的领土王国则是欧洲发展的主要场景。斯密十分清楚文艺复兴的共和城邦遗产。然而，他坚持认为，意大利文艺复兴时期诸小共和国与欧洲许多其他孤立的共和发展（比如瑞典和尼德兰）并不是解释现代自由兴起的关键。在他看来，在封建和早期现代的欧洲，这些共和国是孤立发生的事件。意大利的共和城邦是乡村封建无政府状态的结果。自罗马帝国存活下来的堡垒城市不仅保存了他们内部的公民自由，也享有超过封建贵族的军事防御优势。封建贵族驻扎在无政府状态下的乡村。城镇最终征服了周围的乡村，成为诸多小共和国。当乡村贵族进入城市，一种以城市为中心的政制便兴起了。

斯密认为，对于欧洲的进步，这些城市共和国之所以变得闻名且重要，不仅是因为他们的政治，还因为他们聚集了巨量财富，成了欧洲经济的领袖。斯密声明，在经济发展上，它们领先欧洲其他地方至少两个世纪。这是其强盛的真实基础。然而，他们的财富并非单纯是自然社会与经济增长的结果，或者政治优势的结果；它是诸多原因汇合在一起的结果。一个是地理原因——意大利的地中海位置，处于东方和西方之间。另一个是借着为罗马教廷发动的东征提供经济和后勤帮助，从中获取了巨大的战争利益。东征是一个独特的意识形态－军事事件，其原因不合乎任何常规的社会和经济发展模式。

然后，斯密将其古代共和国衰落的普遍理论也应用到文艺复兴共和国上。当它们变得富有，经济上先进时，它们注定会在军事上衰落。那些理解古代共和国历史的人想要在其城邦中阻止手工业的发展，就像马基雅维里的英雄卡斯特卢西奥·卡斯特拉卡尼（Castruccio Castracani）在卢卡（Lucca）做的那样。但如果他们成功了，他们只不过让自己的共和国倒退和无足轻重。由于其奢侈、商业制造的生活模式，富裕、成功的城邦在军事上被削弱。现代共和国缺乏奴隶制。这一点意味着，民众普遍地必须忙于践行经济生活的日常功能。所以，斯密论证，在文艺复兴的意大利，我们找不到任何重要的民主政体实例。那里只有贵族政体，因为劳动技工的政治参与非常耗费时间。同样的论述亦可用于军事。再一次，军事技术得到发展，使得围城的防卫和现代战争的进行都日益艰难。共和国的军队不再比得上欧洲君主国的专业部队。 88

斯密最终总结道，小的意大利城市共和国因战争而毁灭，衰落得相对没那么重要，就像他们的古代先辈做的那样。这意味着，欧洲自由的兴起必须在日耳曼封建主义游牧政治衰亡的语境中来加以解释。可曾有一针对封建主义的革命吗？它是从外面被征服的吗，恰似古代和文艺复兴的城邦？不。在意大利的例子中，封建或后封建国家是征服者。所以，是什么扰乱了他们呢？斯密的回答与古代方案中的部分一致：奢侈摧毁了他们。他也论称，正是同样的奢侈摧毁了罗马。事实上，罗马的奢侈扰乱了封建王国。当罗马死之将至时，它将其毒药传给了征服者。但是，罗马之奢侈的有毒圣杯经由幸存的罗马城镇传递，把自由带了回来。正是由于这一理论，斯密与卢梭最终变得如此不同——或者，在许多读者看来正是如此。我将在第五、六章讨论他们的政治经济学，也就是去讨论他们关于奢侈的论述。卢梭相当熟知那些相同的马基雅维里段落。他也认为，以扩张为目的的政府理念是邪恶的，曾令欧洲受到毒害。他当然激烈地反对它。但是，他同样认为，视国家为团体人格的霍布斯式理论并不能免于这种疾病的侵扰。相反，卢梭认为，人为的国家人格具有一种人为的欲望，却没有明显的物理限制。控制国家的经济欲求不会真正变成主要的 18 世纪问题。让我们看看卢梭和斯密是如何处理它的，这将是件有意思的事。

89 # 第五章

政治经济学：市场、家户与无形之手

在本章，我将踏入政治经济学领域。政治经济学在实践上将会变成奢侈辩论的疆土。

我认为，斯密接受了这个主题：通过摧毁其军事能力，奢侈摧毁了古代共和国。它们自己不能抵御游牧民族的进攻。在四阶段的历史框架中，这是从被它们摧毁的农业－商业社会向下行了一级阶梯——也许甚至是两级阶梯。

卢梭也接受了关于古人衰亡主题的真实性，但他在其源头看到了一个矛盾的因素。奢侈毁灭了古老的欧洲文明这一主题的确源自古人自己，他们能够对自己的衰亡形成最好的理论论述。这不是一个事后的解释，而是一则成真的预言。无论古代社会有何问题，这问题都不是他们缺乏理论理解。实际上，他们的问题不是理论上的，而是实践上的。古人在宣称反对奢侈时，他们便开始在实践中过着奢侈的生活，并看着自己在奢侈的坡道一路下滑。最终，他们彻底衰落，然而依然对其错误有充分的意识。

90 根据卢梭，针对这一惊人不幸，存在两种可能的回应。一是否定关于奢侈的政治和国家安全后果的古代分析。在这方面，卢梭提到了两位现代作家，他们可能是曼德维尔和让·弗朗索瓦·梅隆（Jean Francois Melon）。这些作家论称，奢侈不是祸根，而是社会福利的基础，如果得到合适的理解，它完全可以得到管理。卢梭立即拒绝了这一答案，因为他认为恰好相反。古代的失败并非因为理论错误，而是由于古人并没有在实践上遵从他们的理论。因此，随之产生的任务就是要打造这样一个社会：在此社会中，哲人、政治家和人民都要从古人对奢侈的批评中获取教益，然后以此为基础，建造起一种持续的实践。卢梭声称，这是他自己的政治经济学的目标。

这个计划使康德对卢梭与伊壁鸠鲁加以区分。伊壁鸠鲁派追求他们的幸福观念，聚焦于需求的满足，以之作为道德发展的首要载体。他们认为，需要的改善是人类历史进步的特征。当康德遵从西塞罗的《论义务》，将古代道德思想呈现为斯多葛派和伊壁鸠鲁派之间的争论，他便将犬儒派放到这种均衡关系的伊壁鸠鲁派一方。以第欧根尼（Diogenes）为代表的犬儒主义者是理论的享乐主义者，他们将道德视为幸福的工具。然而，在奢侈和人为需要的问题上，他们又不同于伊壁鸠鲁主义者。他们将幸福等同于最低限度的需求满足的方案。实际上，他们还认为，勉强满足生理需要乃是道德之法门。康德指出，这便是其思想能够被描述为道德捷径的原因。他又补充说，构造文明的人为需要文化导致了诸种困难，如何才能将道德与这些困难结合起来呢？这才是真正的难题。他对卢梭做了一番归纳，认为卢梭徘徊在此犬儒或第欧根尼立场与对道德发展的伊壁鸠鲁式理解之间。他称卢梭为一个精致的或狡猾的第欧根尼。[1]这是正确的分析。卢梭自己就把第欧根尼放在同一个包括霍布斯在内的道德传统之中。他自己的自尊理论强调，在人类历史上，有一种情感既产生了福报，也结出了恶果。亚历山大大帝与第欧根尼相遇的故事颇为著名。在提及这个故事时，卢梭宣称，自尊既产生了伟大的武士皇帝，也造就了极端谦逊和傲慢的哲人。可以说，他们是从同一个古老的根系中成长起来的。[2]

91

正如我们之前看到的那样，亚当·斯密被他在苏格兰的同代人封为一个精致的或狡猾的伊壁鸠鲁派。他们的意思与康德对卢梭的评论类似，就是说，他没有完全献身于一种关于奢侈与人为需要的快乐主义理论。18、19世纪，有些人被称为伊壁鸠鲁派。有一条道德和经

[1] Kant, “Moral Philosophy,” p.45.

[2] On Rousseau as a Cynic, see M. Sonenscher, *Sans-Culottes: An Eighteenth-Century Emblem in the French Revolution* (Princeton University Press, 2008), pp.134–201.

济光谱从古代犬儒的极简主义一直延展到这些人的充分享乐主义与亲奢侈立场。看起来，卢梭和斯密就位于这条光谱的中间某处。当然，光谱的中央仍然是一个巨大的空间。但是，当我们比较这个日内瓦人和苏格兰人时，我们不能把他们当作占据两个极端位置的思想家予以讨论，而是将之作为商业社会的过度行为的批评者。在 18 世纪，卢梭具有一种流行于民众中间的形象，他被视为一个教条式的犬儒——第欧根尼想让我们完全回归到满足基本需要之水平，卢梭则是第欧根尼的真正追随者。我们自己须要完全摆脱卢梭在 18 世纪的流行形象。在许多场合，卢梭也明确地对此予以否认。

关于卢梭与斯密之间的差异，最异乎寻常的误解之一关乎他们的市场观点。我的下一步就是直接讨论这一误解。我心里想着无形之手的著名习语。无形之手这一隐喻本身就是老生常谈。隐藏起来的手意为神的手，在 18 世纪，它发生在许多讲道文章里，源自关于设计的论述。当卢梭描述野蛮人（在这里，野蛮人即用鹅卵石玩投掷游戏的霍屯都人）非凡的身体能力时，他在《二论》的注释中小心地使用这个隐喻。卢梭写道，他们精确地击中了目标，鹅卵石在飞行中好似被一只无形的手引导。斯密在《道德情感论》中，在抵御卢梭对私有财产之批评的语境下也使用了这个隐喻。

这段话出现在一个对自尊的分析当中。斯密论称，人为需要不是追求生理愉悦的结果，而是源自追逐社会地位的过程。变穷是可耻的，这也是穷人想变得富有的原因。所以，他们接受了这种比较性自我的文化，自尊的文化。在这章的上半部分，斯密的目的是要表明人类想象力迂回的工作方式。富人不仅是把奢侈品当作地位和权力的象征来消费，他们也因为小玩意的精巧构造而狂喜。他在更高的奢侈水平上复述了休谟的观点。奢侈品的美丽设计，而非此种物品的效用让所有者感到愉悦。这种分析导致了对整个文明的评价，精致的和美学上产生的效用追求是文明的应有之义。在此，斯密认可了卢梭的观点，也把追求地位的狂热文化描述为一种巨大的欺骗。其分析的下一步是尚未成熟的神义论。斯密论道，此欺骗是为了人类的利益。通过细致地复述他自己在《爱丁堡评论》中对卢梭的翻译，他阐述了：正

92

是这欺骗

> 最先促使人民耕耘土地，建造屋舍，建立城市和国家，发明并改良所有科学与艺术，使人类生活变得高贵、美丽；它最终改变了整个地球的面貌，将自然的粗野森林转变为宜人的肥沃平原，使人迹罕至的贫瘠海洋变成人类生存资源新的储备库，以及通向地球上不同国家的高速交流通道。[3]

现代全球经济完全源自它的欺骗。那个讨论“无形之手”的段落紧接着这一论述，挑战这一图景中的一个元素。

卢梭已经论称，私人财产意味着超越个人需要的固定占有，允许一人的占有多至能够满足两人或更多人的需要。卢梭论称，正是这个运动创造了现代文明中日益深重的腐败。斯密的回答与洛克在《政府论》下篇论财产权章节给出的答案相同。不仅如此，如果生产力超过了自私贪欲的增长，平衡甚至将会变得积极。在这点上，斯密意在表明，卢梭建议的选择（平等主义）不会产生更好的效果。不平等的解决方案允许增进私人财产，使之超越人身需要。这一步平等的解决方案已被证明有益于人类。在发展此观点时，无形之手是斯密采用的部分修辞。

93

然而，在《道德情感论》的这一整节里，斯密的论调对私有财产所有者怀有巨大敌意。斯密提出的观点是技术性的。一个富人能拥有许多土地，获得数量巨大的产出。但是，只有在他的想象中，他能够自己享有这一切。很明显，这在生理上便不可能。富人的身体和胃并不比穷人的身体和胃更大。我们时常听到一句俚俗的谚语，即眼睛大过肚子。斯密写道，这个谚语在富人身上最为有效。富人并不比穷人吃得更多。然而，他却有更好、更精美的饮食。他在市场上售出其他财产。他的占有并不自然，他们必须在人类劳动的帮助下产生。既然

[3] Smith, *TMS*, IV. 1.10.

富人不工作，他就必须雇佣他人来使其财产具有生产性。此外，富人还雇佣仆人，服务于他们的需要。所以，那些除了劳动便无财产的人以一种或另一种能力来为富人工作，赚取工资。这反过来又允许他们获得食物、衣物，拥有家庭。斯密论称，与平等主义体系相比，在财产所有者和劳动所有者之间的这个市场或交换体系至少运作得同样好，并且常常更好。这不是道德判断，而是经济判断。奢侈和富人的不端不被原谅。但是，从一种效用的观点来看，人类却获得了利益。正如斯密写的：

> 尽管富人天性自私贪婪，尽管他们只在意自己的便利，尽管他们雇佣成千上万人，驱使其劳作，只为满足自己空虚且无法满足的欲望；但他们并不比穷人消费的更多，他们与穷人一起分享所有改良成果。[4]

94 必然的结果是：

> 富人受一只无形之手的引领来分配生活必需品，其结果与当土地在所有居民间平等划分时所做出的分配相同。然而，它却是在无意间实现的。富人对此毫不知晓，却促进了社会利益，提供了种族繁衍的手段。[5]

有产者与无产者之间的互动并非零和游戏。“当神意将土地在一些爵爷之间进行划分时，”斯密吟咏着，使用或嘲弄着基督教道德主义者的神意术语，“它没有忘记，也没有放弃那些看似在土地划分中被抛下的人们。”人间的幸福被甚为广泛地加以分配：“这些最后没有财产的人也享有着他们在所有土地产物中的份额。在那些构成真实的人类幸福生活的事物中，他们在任何方面都不会不如那些地位远高于

[4] Smith, *TMS*, IV. 1.10.
[5] Ibid.

他们之上的人。”[6]

确保这一结果的机制是人类身体的生理能力与人类想象力的灵活性之间、生理需要和人为心灵需要之间的矛盾，或易言之，是自然人和道德人，*l'homme physique* 与 *l'homme morale* 之间的张力。人类身份这两个方面之间的互动是一个主要的卢梭式主题。或许，它就是卢梭式主题本身。很可能，在《道德情感论》谈及“无形之手”的那个段落中，斯密勾勒出一个卢梭能够准备同意，甚至热情地同意的主题。

这是人们须要谨慎行事的那些重要关口之一。是的，卢梭和斯密发展出许多解决私人财产问题的不同途径。斯密将他的手指放在卢梭关于商业社会之理解的核心点上。但在这里，对这两位思想家之间对立性的任何简单理解都不能很好地帮助我们。对卢梭而言，斯密从中发展出其论述的潜在解释性观点是完全可以接受的。在《爱弥儿》 95 （*Emile*）中，以及在遭其放弃的大作《诸政治制度》的许多断章里，他自己都以公开发表的形式，多次表达了同样的观念。卢梭一再重复如下观点：在生理上，富人与穷人没有丝毫不同。（卢梭问，如果并非如此，当革命颠倒他们的社会等级地位时，那将会发生什么呢？）我们不难看到，他们的生理消费模式也无广泛的不同。

霍布斯认为，自然状态是个人之间的战争状态。就穷人与富人没有丝毫不同这一思想而言，其最有趣的表象就是作为卢梭对上述霍布斯式观念的驳斥的一部分而出现的。根据霍布斯，个人发展出无法满足的欲望，若无国家，他们就无法摆脱彼此之间持续的战争。卢梭看到，对此无法满足的人类需求的原初解释具有高度的不确定性。人们如何能够相信，富人确实将其巨额财产结出的全部果实尽其所用？如果不转交给他人，财产的生产自身有什么好处呢？

> 如果不予花费，财富的好处是什么呢？在茫茫宇宙间，如果他是唯一的居民，那他占有整个宇宙又有什么用呢？什么？他的

[6] Smith, *TMS*, IV. 1.10.

胃将吞下整个地球的水果？谁为他从地球的思维八方采集其产物呢？谁将把他帝国的证据变成他决不会居住的巨大废墟？他将如何处理其珍宝？他要在众人面前展示其权势，可谁来消费他的供养（provision）呢？[7]

卢梭陈明自己的观点，富人的胃并不会比任何其他人的更大。很清楚，卢梭的论述只不过是斯密讲法的一个复写的副本：

人的力量和身形都有一个不能超越、由自然确定的限度。无论他从哪个角度来看自己，他都发现，他一切能力都受到限制。他的生命短暂，年岁可以计数。他的胃不会随财富长大。无论激情增加几许，其欢愉也有其限度，他的心像其他每一样事物那样具有边界，他享乐的能力也总是一样。他可以很好地在观念中扩大自己，但他仍然娇小。[8]

卢梭的总体观点是自尊和骄傲是社会性的中介，因此这重复了霍布斯在《论公民》（*De Cive*）中的观点。关于认知的比较心理以社会为前提，也仅在社会中才有意义：骄傲的自我须要与他人交往。富人不能消费其巨额财产的所有产出。强有力者不能在战争中杀戮所有的竞争者。到那时，谁还会崇敬那些优于他们的人呢？谁还为之服务呢？对私有财产和不平等的幼稚的道德诠释全然不现实。卢梭指出，人们不杀戮敌人，却能使之堕落为奴。与之类似，人们不将穷人从财产的成果中排除，却让他们成为市场或工资的奴隶。这一观点的马克思式意涵是清晰的，但它却先于马克思的作品九十年。

在我们进一步讨论此问题之前，我们须要注意我们所引用文本的性质。它是《诸政治制度》的一个断章。“诸政治制度”却被后人称

[7] Jean-Jacques Rousseau, “The State of War,” in *The Social Contract and Other Later Political Writings*, ed. V. Gourevitch (Cambridge: Cambridge University Press, 1997), p.165.
[8] Ibid., p.168.

为“战争状态”。其核心论点是：现代社会真实的战争状态不是在个人和单一国家内部的诸阶层之间，而是在诸民族之间，出现在国际无政府领域。不知满足和贪婪的真正问题不是个人、有产阶级或其他阶层的行为，因为危险并非来自自然人，而是国家人。卢梭在此充分运用了作为法人团体的国家理论（很可能是霍布斯式的，尽管对于以雅考特爵士［Chevalier de Jaucourt］名义发表的《百科全书》中的国家词条文章，它也是核心观念）。在与真实人类个体的限制相比时，卢梭写道：

> 相反，国家是一个人造体，没有确切的尺度，它没有确定的合适体量，它总能使之扩大，当某些国家比它更为强大时，它便感到柔弱。其安全和保存要求：它必须使自己比所有邻居都更强有力。它只能扩张、吞食，花费开支来运用其力量。当它无须在自身之外寻求保存时，它也确实在自身外持续寻找能够给予更大稳定性的新成员。自然之手为人间的不平等设定了边界，但诸社会间的不平等能够无限增长，直至一个社会吞并了所有其他社会。[9]

97

在《百科全书》中，卢梭写作了一篇《论政治经济》的文章。上一段引文中的语言与卢梭在《论政治经济》一文中的语言极为相似。在那篇文章中，他也分析了国家成长的需要。在那里，卢梭公开驳斥了马基雅维里《论李维》中的著名段落。在那段话中，佛罗伦萨人表达了对这种国家的偏爱：如果必要，就借助于征服，以持续增加财富和荣耀。[10] 这篇断章现在收藏在纳沙泰尔（Neuchâtel）的卢梭档案馆中。很明显，它进一步解释了《论政治经济》这篇文章中的论证。卢梭是军事主义和帝国主义的一个持续的敌人。他在此残篇中表明，他也是民族主义的反对者。当民族主义没有施用于自然人而是国家人

［9］ Jean-Jacques Rousseau, “The State of War,” p.169.

［10］ Machiavelli, *Discourses on Livy*, bk. 2, chap.4.

时，民族主义就是自尊。卢梭声称，国家比自然人远为强烈地受其自尊驱使，因为它们的界线如此模糊和流变不居。甚至与最小的民族社会相比，国家间权力游戏的玩家在数量上要少得多。在国际层面，寻求承认就是一切，它也近乎残忍的直接。任何邻国的成长都自动使其他国家相比较而言变小了，除非它们做出回应。人造国家的人格是柔弱且易于动摇的。甚至，与个人的病态心灵相比，民族心理不得不在更大的强度上接受教化。国家的激情是危险的，共和国的激情则是最危险的。

“一千名作家敢于声称，政治体没有激情，理性自身之外不存在国家理性。”卢梭写道。他又继续写下了下面这些话：

> 相反，似乎并不明显的是，社会的本质由成员的行为构成；一个没有运动的国家除了只是一具僵死的身体，它什么也不是。世上所有历史学家好像没有向我们表明，构造得最好的社会也是最活跃的，所有成员持久的内在与外在行为与反应都不堪承担整个身体活力的见证。[11]

98

卢梭绝对清楚其后果：“所以，要忍受这一状态，其激情的活力必须弥补运动活力的缺失，其意志必须随着权力变得松弛而得到同等程度的鼓舞。”[12]

随着国家的成长，其公共精神不可避免地变得松懈。复兴需要行动。行动则倾向于扩张，具有进攻性，并对邻居怀有敌意。事实上，如果存在一个纯比较或相对的概念，维持一国经济伟大最简单的方法便是：通过在其成长的道路上设置障碍，使邻国陷入贫困，必要的话，甚至可以使用武力。斯密曾怀着厌弃之情分析了重商主义体系，而这是卢梭的版本。斯密认为，重商主义是以对其他国家的民族仇恨和内在的民族扩张为基础的经济政策形式。关于欧洲在重商主义下的

---

[11] Rousseau, “State of War,” p.169.
[12] Ibid., p.170.

困境，卢梭和斯密都有所触动，并致力于为之寻求一剂药方。我将在第六章讨论他们建议的方案。

然而，现在我将回到商业社会内部诸问题上来。正如我们所见，问题并不是私有财产及其在没有财产或缺少财产之阶层的不幸中的结果。富人的剩余通过市场进行分配。相反，问题是由不义的市场机制导致的经济奴役。卢梭在《论不平等的起源》中写下了一个非常著名的段落。我想要你们稍稍注意一下这个段落。我心里想的这段论述讨论了发现冶铁与农业的“致命的意外”（fatal accident）。[13] 这里的关键点与冶炼术有关。在《二论》第二部分起始部分，卢梭对私有财产的著名批判关注于土地私有财产——易言之，与农业相关。冶铁不一样；它不包括发明新的财产类型。它常被解释为一个“致命的意外”，因为，在人为需要的螺旋式上升中，它导致了一种恶化，这体现了自尊影响下的文明史特征。这是真的，但还存在一个额外的因素。冶铁产生了工业，一项从土地分离出来的经济努力。一位冶金家不生产食物，而是用他的产品交换食物。这是劳动分工中向前迈出的巨大一步。

99

它是巨大的一步，因为它创造了社会中两个劳动者阶层：一者生产食物，一者生产手工艺品。工业阶层只能够通过用其产品交换农业产品来获得食物。由此而来的便是：对于整个体系的运转，农业本应该是枢纽。正如卢梭现在解释的那样，发明冶铁的致命性在于，两个经济阶层之间没有合宜的平衡。卢梭假设，工业与农业之间的交易条款内在地就有所偏重。工业因其本性就无限地比农业更具活力：它从起点就是一项创新，它持续生产着人们需要和渴求的物品。结果，农业与工业间的贸易条款从一开始就倾向于反对农业。食物廉价，工业产品则昂贵。一个世界由此产生：在那里，工业与城市（或工业生产的场所）越发统治农业和农村人口。卢梭解释说，这最终倾向于产生一个巨大的人口统计学上的危机。发明冶铁的经济效果主要是：在现代经济中，这一悲剧性失衡将导致社会崩溃和人口衰减。这是卢梭在

[13] Rousseau, “Second Discourse,” p.167.

《二论》中生动表达的主要恐惧。当然，这个事件是其时代主要的经济学偏见。它在瑞士正是如此，甚至或许在法国也是如此。在法国，工业与农业、城镇与乡村之间的不平衡从公债主题上分离出来，它们是法国的主要问题以及路易十四和柯尔贝（Colbert）时代最具破坏性的遗产。在亚当·斯密的作品中，它也居于中心地位。《国富论》内容的最简单定义是，它对这个问题给出了非直觉的答案。斯密承认存在农业和工业间不平衡的问题与其极大的重要性。然而，他声称我们不能通过压制工业来纠正工业与农业间的不平衡以解决问题；而是要修订工业与农业间贸易的条款，维持甚至提升它在社会中的领导角色。我们必须允许提升农产品的价格，使农业活动能够获利，并因此富有活力。斯密论称，18 世纪工业与农业之间可观察到的不平衡并非仅仅只是近期错误政策的产物——它是现代欧洲经济史的构件。斯密解释道，恰是通过利用这一失衡，欧洲发展成为世界的动力室（powerhouse）。使之退却则会危及整个欧洲经济。

100

甚至更为重要的是，斯密声称，这一失衡为欧洲在封建时期之后重返自由做出了巨大而重要的贡献。记住，斯密将自由与法律政制结合在一起，并声称：法制是城市商业社会的自然结果。欧洲在封建时期之后变得自由，因为城镇和城市领导了经济的复苏。当它们经济的权重增加，其法律文化的重要性也得到增长。所以，让城市的影响消退将危及后封建时期整个欧洲的政治建筑。要证成这一论断，斯密须要提出一个答案，这个答案允许他拥有并吃掉他的蛋糕。他想要城市经济和城市自由处于主导地位，但是，他也想要农业迎头赶上，消灭欧洲经济根本要素中的任何失衡与不义。其法律与政府史的第二部分——现代欧洲自由的历史——被设计来解决这个问题。因此，它才成为《国富论》的第三部分。

关于这个问题，卢梭有什么样的想法呢？很清楚，这对他来说至关重要。有趣的是，在提交给第戎科学院的《论不平等的起源》中，“奢侈”一词并未出现。然而，它出现在主要文本的注释里，确切地说，出现在讨论城乡失衡可能产生的、迫在眉睫的人口统计学灾难的语境中。他知道，这一趋势必须得到阻止，若有必要，可以采取极端手段。但是，我们如何能够消灭奢侈呢？卢梭排除了任何平等主义的实验，或者任何关于自然丰足的幻想。一种以自然不平等之个人为基础的经济绝不能被平等的专横命令所束缚。他并不反对此类私有财产，或反对一个相互交换的社会。他不想要一个建立于强制之上的指令经济。卢梭在本质上属于某类自由主义者。他把经济界定为相互且正义的——平等的——劳动交换。他想要获得这样一种环境：在其中，农业与工业劳动能以平等之基础得到合适的估价和交换，从而能够产生两个经济部类之间正义的贸易条款。他想要这样一个社会：在那里，每个人都能有工作，能够在为酬金所做的交换中获得所需之物。对卢梭而言，人只有通过劳动才能成为商业社会的成员。这个观念在《爱弥儿》中得到了清晰的表达，并是伊曼努尔－约瑟夫·西耶士著名的小册子《何为第三等级？》中某些观念之源泉。在《何为第三等级？》中，关于社会成员身份由什么构成这一问题，其答案是卢梭式的。西耶士称，不工作的人不是社会的适当成员，也不配拥有任何代表。[14]卢梭并不想要在一个由劳动并通过劳动构成的社会中排除作为交易方式的金钱。他想要指出的是，如何在社会中获得对货币过程的真实控制——易言之，如何理解、控制和改革价格机制。总之，他的抱怨是，农业价格不能表达农产品的真实价值，工农业之间的贸易条款具有系统性的偏颇。爱尔兰银行家理查德·坎蒂隆（Richard Cantillon）的著作出版于1755年，在他过世之后，卢梭从他身上取得线索，接受了金钱的定量理论——含义是，价格随着社会中金钱的数量发生改变。[15]较富有的社会有更多金钱，因此有更高的价格水平。但是，历史性的高价格水平对各社会阶层的影响颇有差异；卢梭也认为，农业收入必然落后于其他收入。易言之，农学家和普通人备受现代性高价格的折磨。其影响正如在由奢侈和不健康生活条件主导的城市里被较高的死亡率加剧的人口统计学灾难一样可见。

101

---

[14] Sieyès, "*What is the Third Estate?*," pp.94–95, 134.

[15] Richard Cantillon, *Essai sur la nature du commerce en général*, ed. H. Higgs（London: Macmillan, 1931）.

很清楚，卢梭想要矫正此平衡。问题则是如何做到。

102　为了理解这一点，人们须要理解卢梭潜在的经济增长平衡理论，或实际上须要理解其人类文明平衡增长理论。很清楚，这一平衡必须导致城镇与乡村之间、工业与农业之间的正当比例。但卢梭的平衡更为深刻，因为它也与整个文明进程的平衡本性联系在一起。自然人或物理人（这两个形容词［natural 和 physical］描述了同一种现象）的好不是一种道德善好的形式。"人自然是好的"[16]或"在刚离开造物主之手时，任何物体都是好的"[17]这样的评论经常用来暗示，依卢梭的观点，至少在历史的开端，人类在某种意义上是好的，它可以与文明人的评价和理解产生共鸣。某种神义论塑造了卢梭的"悲伤"的——即"乐观主义者"的——体系（他经常以违反直觉的方式来使用这些术语，至少从现代用法的视野来看是这样）。在此神义论中，邪恶（evil）主要指的是物理意义上的恶，并用来描述那些发生在个人或人类身上的事件。没有它们，人们也能做许多与之相关的事情。在《论不平等的起源》中，卢梭发出呐喊："总是抱怨自然的愚人啊，你们要认识到，一切邪恶都源于你们自己。"[18]在《忏悔录》中，卢梭按照呐喊的内容来刻画自己。这也是他在《爱弥儿》（*Émile*）中的引导思想。《爱弥儿》以典型的乐观主义公式开启论述："出自造物主之手的东西，都是好的，而一到了人的手里，就全变坏了。"[19]正如卢梭声称的那样，如果"我们最大的恶来自我们自己"，那么政治理论的起点就必须是：人实际是怎样，而非他们可以成为什么样。这的确正是卢梭在《社会契约论》开篇所做的同样的论断。我们可以改变法律，但不能改变人。

在这个语境中，卢梭提及教皇的用语"无论为何，它都正确"（"Whatever is, is right"）（它在法语里被翻译成"好"，*bien*），其用意

［16］ Rousseau, *Lettre à Christophe de Beaumont,* CEuvre complètes IV, ed. B. Gagnebin and M. Raymon (Paris: Gallimard, 1969), pp.935-36.

［17］ Rousseau, *Émile,* bk. 1, OC 243, P.161.

［18］ Rousseau, *Confession*, bk.8, OC I.389, P.326.

［19］ Rousseau, *Émile,*bk. 1, OC 243, P.161.

何在呢？[20]他正在提起《论不平等的起源》第一部分意图揭露的论题：人的柔弱，他的 *imbecillitas*，是社会的根本原因。卢梭称，自然人是没有弱点的，他是“好的”。人是一个复合的造物。这个事实扰乱了平静，是邪恶之原因。人在诸动物里独具一格，因质性不同的两类事物凝聚在一起。卢梭称，人的相反本性是由这一事实促生的：他们是由“具有感知力和不具感知力”的事物构成的——易言之，他们是由身体和灵魂、身体和心灵构成的。所以，卢梭称，“在任何以人为其一部分的体系中，物理的恶”都是不可避免的。[21] 103

实际上，卢梭并不认为如下两种观念应通常归功于他：人的生活原初是好的；或者在人类的后续发展中，我们的邪恶超过了我们的善好。善好不过是造物与其环境间的原初和谐，它是所有动物的命运（或好运）。它消失了，人类无从抓住这一好运，因为人类环境的变化不会导致人类直觉相应的物理性调整。然而，它激发了心灵的——道德或社会的——调整。可以说，人类的一大特色在于，心智的调整能够导致人类生理能力人为的或社会性的拓展。人不能学会像鸟一样飞翔，但正如我们现在所知道的，他可以建造飞机。在卢梭的语汇里，“完善性”（perfectibility）是这一现象之名字。[22]人类打破了动物般先定的自然或物理需要之枷锁。人类心灵、人类想象创造出新的人为需要，然后人类便汲汲于满足它们。这是人类在社会中做出持续反应的拉动力。问题不是人类只能够梦想或想象，而是他们确实能够实现这些梦想——并非总能，并非所有，亦非持续不断，但在经历一段时间后，他们就能够站起来迎接挑战。

卢梭被认为是一名犬儒，一个第欧根尼派。这一形象表明，卢梭完全反对心灵能够施加于身体的欺骗。那个浴桶中哲人在众人面前释放其自然或动物性的性冲动。然而，精致或狡猾的犬儒主义并非其极 104

---

[20] Alexander Pope, *An Essay on Man* [1733/34], Political Works, ed. Herbert Davis (Oxford: Oxford University Press, 1966), epistle I, 294; epistle IV, I, 394.

[21] Jean-Jacques Rousseau, “Letter to Voltaire,” in *The Discourses and Other Early Political Writings*, p.234.

[22] Rousseau, “Second Discourse,” pp.148, 159.

简主义的信条。对卢梭而言，因为身心之间的创造性张力，人是一种发展的或文明化的动物。问题是如何开发这种张力，却不创造出众多道德之恶。其答案是，身心的发展轨迹必须彼此协调，身心间的追赶游戏必须玩得熟练。其任务是确保，人为需要的牵引力和满足它们的人类能力不至于过度失调，或太久不能保持同步，以至于产生巨大的紧张和痛楚。用卢梭的话说，需要和力量必须以同样的速度、手拉手、和谐地成长。

如卢梭所知，这很少发生。人类以跳跃的方式发展。在政治经济学领域，首要例证恰是我在这里已经讨论过的案例，即经济发展中工农业的失衡。在这样的经济发展中并无任何错误或邪恶。错的、具有破坏性的、道德邪恶的东西是失衡的增长：城市、奢侈和工业失去控制的增长，为世界留下虚弱的农业、常年的食物供应问题，并常常造成匮乏和饥荒——人口统计学和环境的灾难。从这个视角看，人无须四肢着地，回归森林，或重新开始以采食橡子为生，就好像人类倒退成为原初的猎人和采集者。卢梭惊讶于他的一些读者在阅读他的著作时会得出这个无比愚蠢的结论。他想要的是一个基于劳动和个人私有财产的社会，从而发展出一种以交易为基础的商业社会。在人与自然、人与人（或社会）诸关系中，所有事物在其中都以平衡的方式得以增长，身心之间的创造性张力也能得到和谐利用。

在卢梭的时代，这一渴望平衡发展的欲望是法国政治学中的主导观念。法国在路易十四治下实现了伟大崛起，其代价却是有意丧失了法国经济与社会的平衡。正如柯尔贝主义者所知，这一政策创造了对法国而言的所谓灾难。在18世纪，人们最广泛分享的梦想是从此境况中康复过来。其倡导者是弗兰索瓦·费奈隆（François Fénelon），他是康布雷（Cambrai）主教，受到最广泛阅读的世俗启蒙作品《特勒马科斯历险》（*The Adventures of Telemachus*）的作者。这部著作是卢梭的角色爱弥儿和苏菲必须阅读的最好的政治道德故事。费奈隆认为，路易十四努力复兴古罗马的伟大计划，并在柯尔贝帮助下，通过在法国提高奢侈的增长，为之寻找财政支持。这导致将无规制的大众自尊最根本地置于法国社会想象的中心，也置于积极支持失衡的城市

105

增长中——为了奢华繁荣，这被认为是必要的。工业以农业为代价得到抚育，并为军国主义提供了巨大收入。特勒马科斯的核心反实验，即在好国王伊多梅纽斯（Idomeneus）治下于萨伦屯（Salentum）施行的国家建设实验，致力于为法国大革命中的雅各宾派提供经济上的自我理解，是一次创造均衡经济的富有英雄气概的尝试。关键是，它有两个阶段。第一阶段是用国家权力，通过破坏城市，将奢侈部门的人口驱赶回乡村，放弃奢侈和经济不平等，引入阶层的象征系统而非用夸耀性的展示来表达人与人之间的自然不平等，以此强硬地恢复社会和经济平衡。在 20 世纪，亚洲的波尔布特（Pol Pot）尝试施行此类计划，但是，这种纠正现代文明的暴烈的革命性实验则一直存在于 18 世纪道德主义者和经济改革者心中。他们知道，在其原始版本里，它是一幅多么危险的景象。他们也一直在持续寻求更加平和的选择。卢梭和斯密就位列其中。暴烈的纠正一旦发生，计划就不再是原始主义的，而是变成一种平衡增长的计划了。在此平衡增长计划中，福利将持续增长，但城市却绝不允许超越乡村。在一个好的经济结构中，自由交换和自由贸易将获得统治地位，政治权力则后撤回来，成为遥远的监督角色。管弦乐队能够演奏，即便它需要指挥给它一个好的节奏。或者，我们可使用另一比喻。一个设计好的花园自己就能够长得繁茂，只是偶尔需要园丁除去野生的杂草（这就是费奈隆对平衡经济的著名比喻）。重农主义者在这个无比流行的观念中找到了现代经济科学。

卢梭就像众多瑞士同代人一样，他也是一个费奈隆派。他想要一个平衡的欧洲，以及一个监督它的自由主义国家。稍后，我们将看到，他想象这个国家作为诸小共和国或诸行政区的共和式联盟，其政治经济如何运转。诸行政区则是植根于家庭经济平等联合的有机农业网络。在本章的剩余部分，我们现在须要去发现的是：斯密为何成为这一开明费奈隆派群体的讨厌人物，或者他为何力图与其相区别。

106

这并非一个价值选择问题。这是卢梭、斯密以及许多其他人很少不同意的。当教条主义的德性之友谴责斯密，说他在道德和政治上背叛了他们所珍视的梦想，斯密勃然大怒。他坚持说，当然，对为青少年开办的进行公民训练的暑期学校来说，民兵无疑是个好主意。民兵有助于镇压叛乱，以及对家园进行孤注一掷的防卫。但是，在经济超级强国之间的现代战争里，这些下等军队绝无立锥之地。关键问题是要知道，怎样才能拥有现代德性，而非其在舞台上的歌剧魅影（顺便说，卢梭同意这一点）。斯密没有简单地认为，这些错误是情感愚蠢状态的标志，尽管它们确实如此。其错谬首先是在方法上。在斯密对自然法理学越发强烈的反对中，这是一个潜在的核心观念。斯密将自然法理学当作现代经济学的基础。在此比较语境中，卢梭可被适当地称为经济学家——重农学派足够精明，能立即认出这点——斯密则是历史主义者，是审慎的经验主义思想家。这将我们带回到我在第四章描述的从自然法到罗马法的转换领域。卢梭对历史感到绝望。他所寻求的是用来解释大规模发展的工具。就像他在《社会契约论》中如此清晰地展示出来的那样，他只采用最明显的例证；他寻找的解释工具将导致改革。卢梭写道："历史总体而言是有缺陷的，它只记录能够由姓名、地点和日期确定的明显的、特别的事件。"他继续写道，我们需要一种方法，来发现"这些事实缓慢和渐进的原因，它们不能以相似的方式予以分配"。他悲叹道，对历史学家来说，这些原因或基础性的动力实例"总是不为人知"[23]。卢梭提醒读者，他也许是在以历史方式写作（因为在他塑造的内容里，时间是一大因素），但他是在搭建自然法或理论经济学。他想要知道，在"诸事物的普通进程中"，事物是如何正常发展的。针对一切法国费奈隆派和对自然法习语上瘾的人，在《国富论》第三卷中，斯密用宏大叙事做出了回答。

107

《国富论》第三卷一开始就对此方法论做出了决定性的抨击。在一个高度抽象的层面，自然法——历史的普通过程——和自然进步模型在逻辑上正确，甚至在历史上也正确。这当然是真的。他还补充说，"首要的事情在先"是发展的正确顺序，这当然也是正确的。在着手从事异国奢侈品的全球化贸易之前，人们首先要吃。有时候，这一序列也可能遭到破坏，但绝不会是系统性的破坏，亦不至于持续很长时

[23] Rousseua, *Émile*,bk. 4, OC 529, P.394.

间。然而事实是，在欧洲，增长的平衡的良好状态遭到系统性的破坏，并持续了多个世纪。如果法国的费奈隆派认为，路易十四具有复兴古代共和君主国的虚荣，柯尔贝主义不过是由这种虚荣导致的对常轨的短期偏离，那他们就完全错了。它是一项未能满足短期目标的精心设计的政策。但是，其基础观念是整个现代欧洲历史发展的主调。关于人类的普遍发展，自然法及其子嗣经济学原本可以是正确的。只是在与欧洲相关的问题上，它们碰巧错了。现代欧洲（而非古代欧洲）并不是按照富裕的自然进程逻辑、事物的一般过程得到发展的，而是以其他方式，或者就像斯密所说的那样，是以一种倒退的方式发展的。正如我们在第四章看到的那样，古代欧洲还有一些其他的独特特征。太阳自东方升起，向西方落下——这是事物的一般过程。太阳自西方升起则可以创造出一种倒退运动，这至少需要一种特殊的解释。斯密论称，欧洲经济的太阳的确从西方升起，我们也的确需要一种特殊解释。这正是《国富论》企图传递的信息。在此方面，斯密不是一个自然法学家，因此也不是一个经济学家。当然，他的分析并无怯懦处；他只是认为，分析性的社会哲人选择了非常糟糕的对象。卢梭是抽象的分析思想家。他的储备仍然飞扬在现代分析哲学阵营（包括牛津）的高空之上，尽管分析的政治思想现在是北美共和主义的标志，并在左翼自由主义者的不当称谓下为人所知。美国被认为是经济平衡增长的范式案例，在那里农业首先发展。其结果却恰好相反。这原本是如何发生的？对此的争论仍然会激烈进行。

斯密认为，欧洲的经济发展是系统性的失衡。但是，他也认为，平衡的重新获取应当借助于特殊裁剪的政策，通过与粮食的共同协作来实现，而非以与之相反对的方式。理解了欧洲发展的不连续性，此处的关键还是古代人与现代人之间的鸿沟。在《二论》中，卢梭刻画了一幅罗马共和国的图画，然后勾勒出，为了正确理解后加尔文主义的日内瓦城市国家的政治结构，我们还需要纠正些什么。关于从人类早期起点到 18 世纪法国君主制的不平衡的经济增长，他以分析的方式，描绘了一个持续的发展模型。这些连续主义者风格的模型全都不适合塑造在欧洲发生的事情。因此，斯密才如此坚决地论证，西部或 108

北部的欧洲人不应继续沉迷于托斯卡纳或威尼斯潟湖城邦的本土政治发展。意大利和随后瑞士的城市国家的明显的新古代发展只是一个小插曲，即使在许多方面有着指导意义。现代欧洲具有日耳曼色彩，它体量巨大，以乡村为底色，它的重新开始又以后游牧而非后古代的封建主义政治发展为起点。欧洲需要一个向城市化的农业 - 商业社会的普遍转型，并不需要微小城邦环境中的本土化的进步事例。这个问题的关键在于速度。从普遍历史的视角来看，这早晚都会发生——大部分情况会稍晚一些，在人口规模增长的压力下发生。在本质上，这与卢梭谈论的非洲是同一个故事。发展注定会到来，缓慢地，超过几十年、几百年，甚至数千年的时光。快速的行动发生在北方，对卢梭而言，这也是真实的人类历史。当人民假定，他相信日内瓦是一个福音派清教徒的尘土飞扬的村庄时，他为之感到愤怒。他写道，它是一个钟表匠人的富裕城市。（他不希望日内瓦拥有一个剧院，但这是另一问题。）他并非完全不受诱骗。来自柯卡尔迪（Kirkcaldy）的斯密也对北方感兴趣，并认识到，那里曾经遭遇了不止一次灾难。关于日耳曼牧人向现代经济共和国和当代世界之主人的极为快速的历史转变，他迫切需要一个经济模型。他们是怎样如此快速地获得了现代城市 - 商业文明呢？当他们摧毁了一度拓展到哈德良长城的繁荣的罗马帝国时，它来自何方？

109 商业和城市为何如此迅速崛起？在权力结构上，是什么摧毁了看似不可攻击的游牧者的束缚？斯密必须解释这一转变问题。他知道，反封建的革命、议会或其他事物并不存在。游牧社会是自内部瓦解的。此解释的神来之笔是，两个事件——商业的兴起与封建的衰亡——具有相同的原因。这并非粗略的，而是精确的相同。我在第四章提到，斯密知道，城市的经济和法律结构得以保存，城市政治却没有。消灭富有德性的游牧军人的正是摧毁富有德性的希腊罗马前辈的同一事物：奢侈。他们为华而不实的小玩意出卖其灵魂与权力。一场革命受到两类行为者的影响，他们甚至在最微小的程度上也没有任何此类意图。这些是出售其奢侈商品的商人，以及将货物出手以满足其幻想的封建统治阶层。在荣誉体系中，自尊变得制度化，封建统治阶层则受到了巨大的虚荣心理压力的逗弄。斯密不是奢侈的朋友，但他却坚持认为，那些看不到欧洲的现代自由是奢侈之子的人皆为盲人。如果这是事实，那么奢侈就不能简单地被看成是恶，或健康增长的障碍。它是现代共和主义的父亲或母亲。我并不认为，卢梭不会赞成此分析中的精华。至少当他关注封建大公的毁灭时，他是不会反对的。尚未解决的问题是，我们将从那里去往何方。卢梭和斯密都知道，从封建主义中浮现的政治体系是绝对主义。他们两人对绝对主义都心怀厌恶，并想要看到，最后从中能产生什么。《二论》陈述道，因为绝对主义一开始就建立在奢侈和不平等的基础上，它就不能阻止或纠正奢侈。事实上，它使所有事情都变得更加糟糕，所以播下了坍塌、无政府状态、革命以及循环或重复旋转的种子。斯密看到这一可能性，并把他所有的分析能量都用来阻止它。奢侈是绝对主义的基础；它不可能被放弃，或没有生存之余地。但是，如果我们理解了它产生的影响，它如何摧毁了封建主义，我们就会学着与它协同工作。要做到这一点，欧洲经济精确的经济逻辑就必须得到适当的理解。很可能，奢侈不仅会摧毁封建压迫，还会摧毁绝对主义等级。斯密认为，设若帝国主义、民族主义和军国主义精神能自欧洲根除，那么一场欧洲革命（确实是一件坏事）能够得以避免，一个自由和经济繁荣的新时代亦将来临。他与卢梭讨论的议题颇为类似，包括了大量对国际事务的共同强调。奢侈不应该被摧毁，它只是必须得到驯服。对此，卢梭不能苟同。平衡增长也是斯密的理想。然而，他实现平衡增长的方式却有所不同。这一话题将是第六章的主题。 110

111 # 第六章

政治经济学：民族主义、竞争与战争

我试图在比较历史视野中对政治经济学做一番讨论。本章呈现了此番讨论的第二部分。我将要丢弃斯密与卢梭的人类史和欧洲史，转向他们对其时代的讨论。对两者而言，当代政治包括了经济问题以及与其紧密相关的战争问题。他们观察到，商业并不能像商业理论所说的那样消除战争，反而使战争增加。斯密和卢梭智力活动最高产的时期与七年战争偶合，在其思想中，战争尤为突显。外交关系，尤其是对外经济关系是其时代政治思想的一本质部分。康德在法国大革命时代发表了著名的文章《论永久和平》。卢梭曾研究过圣－皮埃尔神父（abbé de Saint-Pierre）的欧洲和平计划，并将其研究撰述成文。从许多方面来看，康德论永久和平的文章都是对卢梭作品的一个直接评论。卢梭的研究是在加布里埃尔 · 博诺 · 德 · 马布里神父 (abbé Gabriel Bonnot de Mably) 的请求下完成的。马布里神父本人也曾撰写过一部现代欧洲的外交与条约协议史。卢梭熟知孟德斯鸠，但是他也专心阅读了圣皮埃尔。在其晚期作品《关于欧洲政府之思考》中，他描写了他拥护的政府类型，他提及圣皮埃尔的多元会议制（*Polysynodie*）体系，或圣皮埃尔在路易十四统治之后的摄政时期规112 划的政府体系改革方案。这是一个建立在联邦基础上专家委员会或政府部门的网络。很可能，他的许多读者都知道他所指为何，并不会认为这种政府类型是卢梭的发明。他们认为，卢梭通过多种 18 世纪欧洲改革计划选取了这条路。在 18 世纪 50 年代，在普鲁士和奥地利，与多元会议制不同的政府体系付诸实施。如果我们关注这些与语境有关的论题，那么，与我们通常持有的印象相比，卢梭的原创性就显得要更少一些。相反，如果不知道这一语境，我们就不会知道他真正的原创性由什么构成。

根据今天国际关系用语，卢梭与斯密都被称为现实主义者，卢梭尤其如此。卢梭坚持认为，如果得到机会，强国总要攻击弱国。在现代国际关系社会中，冲突和暴力曾经出现。斯密和卢梭都不是乌托邦思想家或革命思想家。两人都认同被动服从观念和主权神圣不可侵犯观念。卢梭用一个霍布斯式的术语来表达他的观点。斯密则提起柏拉图的《克里托篇》(*Crito*)，并将革命与弑杀父母进行比较。两人都强调，革命的确会发生，有时还会频繁发生，但却把革命当成是政体瓦解的单纯事实，而非反抗权利的光荣成果。

这就是为何在财产理论中，卢梭对洛克的使用在某种程度上是不适当的一个原因。如伯克莱主教所述，洛克写作了最好的论抵抗著作，柏拉图则对另一面做出了最好的陈述。[1] 卢梭对霍布斯的提及、斯密对柏拉图《克里托篇》的发挥都很容易被他们的读者翻译为他们各自立场的信号。此日内瓦人与此苏格兰人都是正当权威的理论家——易言之，他们都是法律理论家。这很容易与国家事务中的现实主义立场并行不悖。当瑞士自然哲学家阿尔布莱希特·冯·哈勒(Albrecht von Haller)把卢梭描述为现代卡尔内阿德斯(Carneades)时，他知道他正在暗示什么。[2] 卢梭一贯认为，现代世界受权力运动摆布，因此没有任何道德持续性。

在现代国际权力政治崭露头角之时，亚当·斯密就在《国富论》第三卷中对他的欧洲史做出了总结。由于社会和经济基础受到奢侈的腐蚀，以及由于君主和贵族一系列无意的政策错误，封建主义走向自我瓦解。游牧政体强加于欧洲罗马基础之上的怪诞政治秩序被打破。

113

---

[1] George Berkeley, *passive Obedience; or, The Christian Doctrine of Not Resisting the Supreme Power, Proved and Vindicated* (London: H. Clements, 1712).

[2] Albrecht von Haller, *Fabius und Cato, ein Stuck der Romischen Geschichte* (Bern and Gottingen: E. Haller, 1774).

它原本应该产生一个和平、自由的现代世界，但可悲的是，事实并非如此。封建贵族权力的压迫导致了强大的中央政府，或者，换言之，导致了皇家绝对主义。此改变与军事革命恰相偶合，并产生了两大主要效果。第一个效果是欧洲对世界其他地方之主导权的浮现。这是发现和地理扩张的时代，也是欧洲殖民冒险的开始。斯密写道，这给欧洲带来了机会（在《国富论》中，他在引述此主题时，复述了雷纳尔［Raynal］的《欧洲人在东西印度殖民与贸易的哲学与政治史》[3]）。文艺复兴之后，欧洲开始形成一个大陆市场，其规模大体相当于中国沿海诸省大小。这本足以成为得体的经济增长之基石，恰如它在中国的情况。但是，由于诸多发现以及欧洲航运、军事技术胜人一筹，欧洲也获得了一个巨大的外部市场。其结果是经济的惊人加速增长。全球化有一些惊人的坏结果，不只是经济的，还有政治上的。军事力量迅速增长，国家的财政需要也随之快速增长。商业的利益增强了欧洲内部军国主义阴霾，以及在一个单一国家霸权下统一欧洲的可能性。这就是普世君主国的内涵（罗马曾向欧洲国家建设的剧场宣称是世界或宇宙之王，普世君主国则是对此宣言的改写）。绝对主义，集中化的现代君主国，成为此野心的政治或行政载体。

这类现代君主国向意大利城市国家的经济榜样学习（记住，斯密认为，理解意大利共和主义的关键是这一事实，即意大利城邦在经济发展上领先大君主国两百年）。随着封建主义的崩解，欧洲成为国家间经济与军事竞赛的温室。斯密继续论述道，这促使经济和军事竞争诸观念的联合，并产生了非常糟糕的影响。这一政治框架是重商主义体系。从经济上说，国家是消费者的共和国。商人阶层在为国家建言时，表现得就像是这个民族的一个小子集，是出口生产者的代表。商人想要利益，政府则想要大的军事红利，所以他们最终一起密谋反对大众。他们之所以有能力做到这一点，是因为他们富有技巧地开发膨

114

［3］ Guillaume-Thomas François Raynal, *A Philosophical and Political History of the Settlements and Trade of the Europeans in the East and West Indies*, trans. J. Justamond (London: T. Cadell, 1776).

胀的民族主义，或斯密所谓的民族仇恨。一种以邻为壑的进攻性经济政策开始出现。这就是首位沙夫茨伯里公爵所称的贸易之嫉妒——它由国家利益得到证成。[4] 斯密论称，国家仇恨与以国家利益作掩饰的特殊经济利益之结合扰乱了现代欧洲政治。就一切维度而言，他都是重商主义体系的敌人。紧接着封建主义瓦解史的那一卷——《国富论》第四卷——致力于对 17、18 世纪权力、商业和帝国的共生予以宏观上的攻击。

斯密表明，将战争与贸易的逻辑混为一谈导致了错误和无效的经济政策。他倡议从此有毒害的混合中撤退出来，因为长此以往，这一系列政策的持续将导致不列颠的朽坏。为了获得更好的生存，斯密持续主张，国家应当从对市场的干预中撤退出来。他曾做出著名的论断：商人和金融阶级不应再向政府建言，但仅此尚且不够——政府必须完全从经济干预中撤退，即便它声称能够提升公共福祉。这一论断是在一个更为具体的语境提出的。

在七年战争期间，针对君主国的政策，法国的反对派提出了一些改革计划。斯密讨论了他们的改革计划，上述具体语境则构成了斯密的部分讨论。就像与路易十四有关的费奈隆一样，重农主义者——或者经济学家（*economists*），正如他们经常被同代人称呼的那样——致力于为路易十四的国家政策阐明一个富有德性的选择。弗兰索瓦·魁奈，重农学派的领航灯，是费奈隆直接的道德后裔。他也致力于颠覆柯尔贝支持工业的政策。为了建立一个持续的平衡增长架构，农业须要作为国家之基础得以重建，而不是强调城市。我已经谈论了斯密对欧洲倒退模式——城市领导的发展模式的理解。在这里，我想要谈谈斯密批评欧洲腐败的另一方面。

115

斯密论称，人类史上从未有过确切的健康发展。从此视角来看，魁奈的医学视野——斯密称他为一位思想深邃的医生——及其治疗社

[4] 在《贸易的嫉妒：一篇引言》里，洪特为沙夫茨伯里的表述（来自 *Delenda Est Carthago*）做了更加精确的介绍："在世界上，关于任何君主或海上国家增长中的伟大，不曾有一种嫉妒如英国人的那样合法、值得评述。"

会疾患的雄心是错误的，因此也不会有所成就。斯密论道，柯尔贝多少实现了他想要的，但是，若其反对者和批评者得到机会来掌舵政府，会产生相反的结果。对斯密而言，政治改革家不应在心里把腐败的人类的主人当成唯一的考虑对象。有些想要改革的人心怀妄想（这些人就是德国人所谓的空想家［*Schwärmer*］）。他也对这些人的妄想大加批判。如果曾有一个启蒙计划，那么斯密便是其坚定的敌人。他论道，人类并未获得充分的知识，使任何政府能够按照平衡增长的预想模式安全地重组欧洲经济。历史是复杂的，国民政治经济体系也体量巨大。完美的体系从来就不存在。如果他们的存在是经济和政治成功的真实前提，那么欧洲就不可能兴起，实现其现代境况。斯密宣称："如果不享受完美的自由与正义，一个国家就不能变得繁荣，那么世上就不曾有过一个繁荣的国家了。"[5] 可以说，这是《国富论》中最重要的语句之一。切勿在理论自大的影响下行动，这一点至关重要。更重要的是，切勿使用现代国家的绝对权力来施行理论幻想。没116 什么比经济学家-哲学家（理念之人）的理论傲慢与政府（行动之人）的政治傲慢间的结盟更加危险了。我们必须放弃后路易十四时代正确地打造欧洲经济平衡的伟大计划。斯密宣称，"主权者"必须"彻底免除一项义务，即努力执行那些总是暴露在无数谬见之中的，任何人类智慧或知识都不足以使之得到适当运行的义务；管理私人的勤劳，将其导向最适于社会利益之工作的义务"[6]。最后一个短语，"社会利益"尤其指涉重建合适序列与平衡增长的制度框架，以及工业与农业间平衡的欧洲经济梦想。

斯密认为，支持此计划之人的观念必然导致危险、颠覆和意外的后果。此计划的支持者认为，国家的绝对义务是为经济增长提供一个框架。正如我所论述的，有些人认为，工农业失衡在总体上是法国和现代欧洲的腐败内核，卢梭便是其中的一个。同样清晰的是，让-雅克·卢梭是这些骄傲的改革者之一。卢梭能够看到强大的调控

［5］ Adam Smith, *The Wealth of Nations* (London: T. Nelson and Sons, 1868), IV. Ix, p.280.
［6］ Ibid., IV. Ix. 51.

力量，但他认为，治疗方案比疾病更坏。在《百科全书》中，他那篇《论政治经济》的文章便以此观念开篇：国家的经济就像是一个国家的家政，或者 *oikonomia*。《百科全书》主编狄德罗认为，在这篇文章里，卢梭偏离了他被要求完成的任务。它（国家）好像传统的家庭（*oikos*），但却更大一些。家庭在传统上由父亲或主人统治，他们对其家庭和包括学徒在内的仆人负责。然而，民族家户（national household）却不能拥有一个真实的集体父亲或主人。卢梭绝对会拒绝这样一种解决办法，即选举一位父亲，由他从事角色扮演。创造一个民族之父是一种注定走向专制的办法。卢梭的确想要为国家授予干预经济的权力，但是，这种权力却只是矫正性的，而非计划性的改革。卢梭想要一个税收国家——把税收当作社会工程学工具，主要把它当成防范奢侈的堡垒。我会很快回到这点上来。然而，我首先要表明：卢梭把民族家户视为诸多家庭的联盟，而非单一家庭成比例放大的版本。在功能上，他的这一观念等同于斯密要求政府撤出经济管理之呼吁。重要的是，我们要认识到，联邦的经济面目是诸家户之间的市场。卢梭并非一个经济上的原始主义者：我们谈论的家户将会有经济上的剩余，他们将彼此交易，并在适当的时候还会与其他国家进行贸易。当一个家户的产出足以满足两家的需要时，它就会交易。生产何物，如何交易这类问题必须成为私人家户的特权；因为各户的户主最能洞晓其可能性与机会。他们的知识与行为决定了经济的形态。他们的政治和道德职务是其身份的一部分。他们的父亲能够在此范围内管理他们的领地，但卢梭称，他们却在国家层面没有对等的知识。通过拓展，我们也没有在国家层面创造对等知识的必要（日内瓦的卢梭为何在 18 世纪中叶费心批判罗伯特 · 菲尔默爵士？这在此处已经足够清晰了）。 117

关于经济上的家户，卢梭有许多著述。在其最著名的小说《朱莉或新爱洛伊丝》（*Julie ou la Nouvelle Héloïs*）中，他细致地描写了朱莉和沃尔玛（Wolmar）的家政管理。他在《百科全书》上发表了反对达朗贝关于日内瓦诸观点的作品。在这一富有争议的小册子里，他刻画了落后的瑞士地区瓦莱（Valais）的社会与经济，并添加了一段论述。这段论述讲到了他年轻时，在汝拉省（Rura）与山区监察委员会的一次相遇。汝拉在纳沙泰尔附近，它在那时还是一个普鲁士 - 瑞士城市。这个地区的居民及其大家庭生活在农场里，他们彼此间既不十分亲近，也不十分疏远（那里有足够但也不是太多的社群来控制自尊）。他们有丰富的知识，对求知富有好奇心，并在工艺品制造上达到了很高的成熟的水准。他们没有进一步分化其劳动，他们也将其技术理解在口头上一代代传承下去，但他们仍然是以知识为基础的专业化商业社会的先驱。他们的产品必须进行交易，而非在当地消费。卢梭认为日内瓦更加腐败。它在本质上是一个艺匠和银行家的共同体。118 那里，穷人和富人之间也存在分化。穷人居住在过于拥挤的——社会化的——出租屋环境里。当卢梭还是个孩子的时候，他自己就住在这样的环境中。在这里，为了保持社会平衡，税收是高度必要的。

对卢梭而言，税收是实现平衡增长、抑制奢侈的社会工具。他知道孟德斯鸠在《论法的精神》中关于这一主题的观点，并修正了它们。他希望免除农产品的税赋。他也不愿意看到，政府向在地方市场上售卖的食品征收销售税。他对紧缺时期内的公共供给非常敏感。就像瑞士或德国南部符腾堡（Württemberg）的大部分同时代人一样，卢梭支持为预防饥荒使用公社粮仓。斯密是一个著名的反对者，因为他认为粮食会遭偷窃，或以其他方式管理不善。日内瓦的卢梭与苏格兰的斯密拥有不同的社会经验。卢梭提倡对增长的规模征收人头税（poll tax），依据其财富来向个人征税。一切其他的税收都必须是对任意消费或奢侈品消费征收的贸易税。在这里，卢梭几乎逐字逐句地追随孟德斯鸠。孟德斯鸠认为，奢侈会以幂数的规模增长。[7] 卢梭同意这一乘数效应的诊断，并提倡对奢侈征收以幂数增长的消费税。然而，他认识到：某些穷人宁愿忍饥挨饿，也羞于表现出自己的贫穷，所以他们会把钱花在奢侈品上，以保持表面的体面（斯密也提出了许多类似观点）。然而，对奢侈品征收逐级增长的消费税（注意，不是限制奢侈的法律）是其好国家视野的实质部分。在那里，普遍意志就

[7] Montesquieu, *The Spirit of the Laws*, pt. 1, bk.7, chap. 1.

是控制不平等的蔓延。在总体和日常的运转上，税收也被用来帮助普遍意志。税收需要（tax needs）实际上覆盖了国家的一切积极需求。为了维持税收需要，卢梭提出，通过引入国家强制劳役，提供货物和劳动的方式，以实物偿付征税。此处的理念是：切断公民为民族家户所做贡献的货币化，避免将公共部门工资支付给那部分直接服务公社需要的人。斯密提醒英格兰与苏格兰的同时代人，以实物偿付的税收是封建时代的特征。在那时，经济尚未实现货币化。然而，当上层阶级引入货币税收来支持其奢侈品消费时，以实物偿付的税收就遭到废弃。卢梭没有描述一种贪婪的封建农业经济，而是描述了一个进步的瑞士国家。他毫不犹豫地推荐重新引入前货币税收的行为，因为它们在可管理性上要优于货币税。国家劳役补充了民兵，也必然承载着爱国教育的功能。此后，他又为波兰推荐了同样的方法，不仅是因为波兰许多地方没有货币经济，也旨在阻止货币经济的增长。波兰尚有封建大公、农奴制、强制劳役，却没有瑞士的工作伦理。在这里，当面对废除波兰封建主义问题及其落后的经济与社会时，卢梭有失水准，缺乏深度。

119

既然解放农奴就必须成为好公民和共和国勤奋的贡献者，卢梭建议在波兰农奴之间为好行为和勤劳工作设立一个竞争奖项。发展此工作伦理的奖品是解放。为了配得上他们的自由，农奴们必须在长时间内使行为做到最好，以确保解放以缓慢和渐进的节奏发生。慢慢地，波兰的农奴将会消失，民众将会获得一种鄙视奢侈、赞赏勤劳的文化。通过货币化获得的解放会通过一系列意外后果，从奢侈中获得能量。依据斯密，这正是欧洲过去的发展模式。卢梭则不惜一切代价要予以避免。

他设计了一项波兰贵族也参与其中的改革方案，旨在阻止一个极为不满的后解放的下层阶级浮现。卢梭的目的并非是要避免资本主义剥削而制造一个贫穷、原始、一潭死水的波兰：疯狂的自尊和追求奢侈的不受规范的支配，有效地将波兰转变成为欧洲权力游戏中另一个腐败的竞争者，正如俄国想要努力成为的那样。他认为，幸存的波兰共和国应该成为活跃、繁荣之地，每一个公民（不只是获得自由的农奴）都努力工作，恪尽义务。一种以民族的自我保存为目的的强大的波兰经济将会产生。支持社会与政治生活的推动力必须是自尊（就其一切方面而言）、知识生产、创新、生产性努力以及大量消费。但是，120 在任何情况下，驱动力都必须是一种健康的多样性。在此多样性中，能力与需要、知识和欲望携手成长。卢梭写道，只有热爱奢侈的法国哲人（*philosophe*）才会认为，一个卢梭式的社会意味着对一个狂热者团体的模仿，固执地创造一个像禁欲托钵僧牧师一样生活着的公民的世俗修道院。在论波兰的书里，卢梭对孟德斯鸠君主国的选择比在任何其他地方都更为清楚。他也过度依赖自尊的复合本性，并提出一个模型。在此模型中，一种自私受到另一种自私的制衡。然而，在卢梭的例子里，对分层的补偿性追求是基于正确的荣誉，而非虚假荣誉。在这里，他并无心中战场的英勇之气。然而，他强调对经济和公民分层的竞争性追求。追随其制度设计逻辑，这不会转变为对虚假荣誉的追求，因为它不会被铸造成为货币并被购买，这意味着它不会转变成为某种类型的奢侈。对卢梭而言，恰如对洛克以及其他卢梭阅读过的理论家而言，从经济上来说，金钱意味着自尊和不平等的危险联合的关键。卢梭的荣誉概念与在效用或工业竞争中真实有用的成果有关。这种对分层的竞争性追求正是他所谓的竞争。他在这里追随费奈隆。费奈隆认为，一个腐败的国家绝不能回到真实的平衡。费奈隆也在萨伦屯为贤能政体预作安排，这是一种以才华与服务为基础的阶层体系。它通过一种服饰法则，使才华与服务变得清晰可见。类似地，卢梭想要波兰成为一个分层的、彼此关联的和组织良好的荣誉社会。他为波兰人设计了一整套包括竞赛、练习的服装，以及制服和装饰奖章。在卢梭的富有德性的波兰经济中，公民成就要用荣誉的标记来予以奖赏，它们由不同的金属制造，并且在上面刻上标识一个人在贤能等级上所处的阶层。此系统的目的是将竞争的心理能力转变为国家技术和农艺改进的一个源泉。我们期待，诸社团致力于带来改良，它们会组织有规则的竞争，来强化公民的欲望，使其追求荣誉时获得健康的进步。共和国的目标不是有德性的贫穷，而是一种诚实的好生活。它完全以所有人的诚实工作为基础。消费能够增长，但它会在公民之间均匀地蔓延。政府将会谨慎地征收消费税，以防范不平等乘虚而入，从后门进入系统。在其他一些著述中，卢梭也展现了自己对如下问题的兴趣：那些最富德性的经济增长政策具有哪些陷阱呢？他像孟德斯鸠一样不喜欢机器。例如，他认识到，一种比双牛曳犁更有效的曳犁方法能够带来诸多好处；但他也担心，耕牛减少意味着城市贫民消费能够获得的便宜饮食也随之减少，肉食供应短缺亦随之出现。这种肉食供应短缺须要通过一种健康的素食和富含乳糖的餐饮才能得到补偿。

121

这是那类能够支持一个健康国家的文明社会。由此文化塑造的人民是一个普遍意志（general will）的人类材料。然而，波兰不是一个日内瓦那样的城市国家。波兰共和国必然是君主制和代议制的。竞争的文明社会和负有道义责任的农业改良社会能够保证代表的选举不会遭到腐败。生产芜菁的贤能骑士也为政治阶层的兴起制造了最好的材料——政治阶层由爱国的地方改良社团任命。通过在贤能阶层中逐级提升，他们能够为选举提供候选人才库。卢梭认为，追求社会地位的人拥有对奢侈的想象，任何社会等级的缺乏都可能会在其奢侈想象中创造自我提升狂想曲。人类心灵需要秩序与想象，必须冷静下来，以一种受到控制的、规训的方式来运转。在一个以工作为基础的共和国中，市场直接与生产者和消费者联系在一起，工作中获得的荣誉只是政治事业的正当基础。对卢梭而言，主权不能在霍布斯式的意义上得以体现，但我们仍然能够建立起一个代表的金字塔，来维持一个巨大的平民国家（代表的两个概念不能等同——就像休谟为英格兰设想的理想国家，卢梭的理想国家是依据半哈林顿路线设计的）。一个大共和国必须是诸多小的本地共和国的联盟。国家议会也以地方议院为基础。政府，而非立法机构或主权者，应该是多元会议制。抱持这一观念，对立法会或类似的地方单元的兴趣也是欧洲政治话语中的一种标准观念。

卢梭为波兰制定的计划没有什么原创观念。它的确印证了其同代人的怀疑，即他像其他每个人一样，使用一套相同的政治观念进行研究。值得注意的是，卢梭比其他人更好地控制了自己的设计，并且在具体贯彻其宗旨的过程中，他也保持了非同寻常的一致：在一个

122 主权没有被代表、政府基于统一的分权体系的联邦政体中，人民的劳动与创新受到荣誉的指引，驱动着健康的市场经济。这个计划中有两点很值得重视。第一点，关于虚弱的执行机构问题，以及随之出现的决策中的半无政府状态问题，卢梭都具有敏锐的反对意识。他努力设计有效的政府。第二点，其目的在于避免英格兰的错误。一个腐败的立法机构是英格兰的命运，这当然是卢梭从孟德斯鸠那获得的知识。所以，他欲求频繁的议会和必要的任期。既然主权会议除了决定原则，别无其他任务，那么，固定的必要任期便能完美地工作。议会不需要灵活的特权或松散定义的执行权：这些是一个只针对政府的问题。卢梭论称，这些观念与他在《社会契约论》中设定的原则是一致的。如果那些为此感到惊讶的人在重读《社会契约论》，并比第一次更为细致地阅读时，他们或许会有所获益。正如在卢梭之后的那代人中的西耶士神父及其许多同代人所做的那样，当他们能够阅读那本写波兰的书以及收录在卢梭身后迅速出版的几卷作品集中的《论语言的起源》时，他们也有所斩获。这些思想家当然是卢梭的追随者，但此卢梭不是那个在后来的文献中被刻画为具有小国德性的空想家，其人渴望成为现代的第欧根尼，也梦想着回归自然人的自然善好。在对青铜或白银徽章的热烈追求中，创新精神驱动着农业改良社团的知名人士。青铜和白银徽章则标志着，它们的所有者是桂冠养蜂人、钟表制作大师，或就此问题而言，他们是本地民兵的首领、慈善会或学校的管理者（或有可能，他迷恋于瑞士的钟表制作技术）。为了深入了解卢梭正在构想的 18 世纪和瑞士的世界愿景，我们阅读卢梭对此创新精神的评论就足够了。他喜欢关于乡村苏格拉底，即克莱因约格（Kleinjogg）的故事中的瑞士英雄。克莱因约格是一个善于创新的桂冠农人。[8]一个苏格拉底式的公民或公意的支持者不是一个英格

[8] Hans Caspar Hirzel, *Die Wirtschaft eines Philosophischen Bauers*, originally published in Volume 1 of the *Abbandlungen der Naturforschenden Gesellschaft in Zurich* (Zurich: Heidegger und Comp., 1761). 一个标题为 *Le Socrate rustique, ou description de la conduit économique et morale d'un paysan philosophe*(Zurich: Heidegguer, 1762) 的法文版本在第二年出现了。

兰、苏格兰或爱尔兰的绅士，而是一个农夫。这是通往财富与道德的真实道路，不是对欧洲大国都城的大都会经济的模仿。这些大国都城拥挤、不健康、奢侈，闪耀着虚幻的光芒，具有看似轻易的社会流动性。卢梭迫切地想要控制比较性的嫉妒和民族强盛的欲望，而这种欲望加剧了这几类安排。健康的国家需要一种平等竞争的且是健壮的而非病态的自尊。 123

现在，我想要回归斯密。我认为，他的对外贸易理论提供了最适宜的比较角度。我们都习惯了把斯密看作重商主义或如下观念不共戴天的敌人：社会必须依靠贸易才能富裕。相反，在同样的脉络里，我们也常常论证，斯密将注意力凝聚在生产上。这可能是正确的，但我们也须要提问：是为哪个市场进行生产呢？仅仅只为国内市场，或是也为着国外的或世界市场？斯密是一个真正的热衷于出口贸易或为他国消费者提供制造产品的人。认识到这一点很重要。他对国际经济竞争以及实现、维持、永久保持（如果可能的话）出口竞争力的战略进行了艰难且深入的思索。如果斯密同意运用国家军事和政治权力来实现这一目的，那么他本会成为一个重商主义者，但他坚决拒绝这一选择。令人惊讶的是，尽管他对英国政策进行猛烈攻击，但他却在议会中获得了很好的反响。很可能，他是最先怀疑《国富论》没有真正得到适当阅读的人。让我举一个著名的例子，斯密反对运用殖民体系来支持国家出口。这是一种对竞争性的规避，而非对竞争性的完善。它很容易使资本市场饱和，但这是一种导致衰落的办法。一个国家以武力相迫，向其附庸售卖劣质产品，这将不可避免地增长懒惰和低效。处境艰难的竞争者不得不为自己的市场打拼，但它们迟早会赶上不列颠，一度骄傲的帝国和工业强国将会跌落回原属于它的位置：由于此前的帝国蠢行，它将会变成一个在国际经济竞赛中处于落后地位的中等欧洲国家。

斯密为不列颠构想了一个国际竞争理论，而非破坏性的帝国政策。卢梭的家户联合市场和渴望荣誉的改良社会代表了经济的国内模型，忠实地映照出其政治学的国家框架。对卢梭来说，国际荣誉竞 124争是可以理解的，但它过于危险了。它注定成为膨胀的、不可控制的民族自尊之源。卢梭的竞争观念是为了家庭消费。斯密则努力将其扩展到国际领域；他在这样做时，差点遭到彻底误解。事实上，我们知道，他的著作将成为奉行自由贸易的帝国主义的征引经典。然而，他倡导的不是国际竞赛（international competition），而是国际竞争（international emulation）——对此予以辨析非常重要。我们将不得不将其学理建构视为产生了好的经济民族主义（或许，好的经济国际主义是一个更好的标签）的一个经典案例，或是具有建设性与进步性的民族自尊的一个例证：它是一种没有国家仇恨的，基于人类之爱的竞赛的例证。相对而言，这个短语较少为人所知，因为只有在1789年《道德情感论》最后补充的内容中，而不是在更著名的《国富论》中，我们才能找到它。它只是斯密关于爱国主义实践伦理之分析的一部分，而非其更早的对国际贸易之分析的一部分。但是，在我们能够清楚地看到这一点之前，我们必须首先理解，为什么这不是斯密体系中一个可选择的因素。

卢梭并不反对良性的对外贸易。但是，当对外贸易在道德上变得有害或在竞争上变得困难时，他则准备予以放弃。他想要一个有活力的国内市场，以及国家在主要产品上的自足。对外贸易指向奢侈品以及那些即便放弃也不会带来真正损失的东西。卢梭在根本上是一个闭锁商业国理论家，这意味着他拒斥以下观念：无论通过军力还是贸易，国家都必须向外成长。他的平衡贸易观念是以神圣财产权（每个人都对自己的劳动拥有神圣的财产权）为基础的国内增长。

对于那些质疑其爱国心及其对德性之热爱的人，斯密都会嗤之以鼻。但是，对他来说，对外贸易是欧洲走向现代性的倒退道路上的关键因素。他也必须处理金融革命的附带后果。当欧洲的贸易增长时，它对金钱、实用铸币的需求也随之增长。为了解决物质短缺和不便，纸币就必须引入。斯密将此措施当作真正的创新，欢呼致意。但是，他也认识到，18世纪现代国家的军事－商业的复杂性为了自己的目的操纵了这种新的货币手段。这就是著名的公债问题，它是一种金融事务的创新手段，在文艺复兴时期最先被引入意大利，随后进入荷兰共和国。从17世纪晚期起，当早期现代共和国的政治特点被更

125

大的国家逐一模仿时，它便成为备受渴求权力的欧洲君主们青睐的战争金融工具。关于由公债导致的对代际正义的违背（它潜在地是对未来债务收入盲目的提前消费，或如休谟所言，这是在向后代征收税金），休谟颇为忧惧，以至于他提倡国家主动破产来加以摆脱。[9]一个国家越具有共和的特点，它就越难以摆脱债务，因为国债大多来自它自己的公民；公民的利益和财产则是国家致力于保护的对象。休谟希望法国君主宣布破产，并在18世纪60年代的一个节点，他期待隆涅·德·布里尼主教（cardinal Loménie de Brienne）成为法兰西首相，因为有传闻说他会支持皇室主动破产。绝对君主主权的一大优点是它具有处置臣民财产权的相对自由。休谟希望，为了一个理性的目的，这一权力能够被运用一次。斯密也认为，债务将会最终杀死任何将其当作规范行为予以接受的国家。但是，对他而言，休谟的计划完全是不现实的，也是危险的。正确的选择是一种理性的外交政策。这种理性的外交政策意味着海洋强国不列颠的保存：即便不列颠仍然扮演欧洲均势的离岸裁决者，只要它不介入海外土地战争，航海条例（斯密认为，航海条例是真正富有共和天才的措施，也是英国的救星）就能确保海洋强国不列颠的安全。斯密认为，如果战争使之变得必要，那么汲取商业利益、使用紧急力量这两项行动都可以从对外贸易的获利中得到资助。当然，这一观念假设，国际贸易出现在受中立法则约束的大商业共和国之中。中立法则甚至允许交战双方继续其商业往来。上述观念也暗示着，在紧急时期，财政部从商人处获得的纸币工具也能由世界上大商业共和国的银行兑换成金银现金。[10]某些地方的某些人总想购买用来兑换现金的不列颠票据。它也假设，在相对较短时 126

[9] David Hume, "Of Public Credit", in *Essays Moral, Political and Literary*, ed. E. F. Miller (Indianapolis: Liberty Classics, 1985), p.361.

[10] 孟德斯鸠在《论法的精神》第20章第23节里提出了一个类似观点："财富由土地或不可移动的所有物构成。每个国家的土地由当地人共同所有，大部分国家的法律都使外国人不愿意购买他们的土地；甚至土地必须有主人在那里，才能发挥它的价值；因此，土地这种财富是每个国家所特有的东西。但是动产，如银钱、票据、汇票、公司的股份、船只，以及一切商品，则是全世界所通用的东西。在这种关系上，整个世界就好像一个国家。一切社会就是它的成员。"

间内动用世界的集体黄金储备是可能的。斯密很清楚，战争不能只由纸币支持，因为纸币的价值取决于人民的意见，即人民对于某国具有多大机会赢得或是输掉竞争的意见。最后，关于富足的商人利润的假设也预设，国家已经出口了那些具有高度竞争力、易于运输和在世界范围内需求量大的商品。在斯密写作其政策建言的时代，不列颠的确拥有这一类型的贸易——立足于中部地区的纽扣和玩具生产，在作坊水平上利用了机器和技术分工。它生产了便宜、相对单调但品质很高的产品。它们极易运输，相对没有什么竞争，在许多国家都受消费者喜爱。如果没有这种出口能力，不列颠就不会有国家收入用来支付防卫，更不会有国家收入来降低公债。再者，斯密本可在休谟、卢梭、康德以及其他人终止之处结束，梦想着破产或者永久和平。斯密不相信其中的任何一种，事实上，卢梭、休谟或康德也不相信（但这已经是另一个故事了）。

另一选择是像苏格兰的詹姆士党人詹姆士·斯图尔特爵士（Sir James Steuart）或后来的德国哲人费希特[11]提倡的那样，引入一种闭锁的商业国。卢梭为波兰、科西嘉、瑞士倡议闭锁商业国，但关于它在法国或英国引入的可能性，他却不做任何建议。它们是被遗失的目标，在真正的意义上，这是在背后支持卢梭做出如下预言的东西：卢梭预言了社会问题在法国引发的周期革命，以及与帝国及市场政策有关的战争。斯密在论述处于静止状态的国家时，他也把玩了闭锁国家的观念，但这个问题过于复杂，以至于我们不能在此加以讨论。

127 相反，他的出口战略却需要一个开放的、能够凭借产品的优点赢得市场的商业国家。竞争的价格因素在此至为关键。为了保有市场，人们必须以富有竞争力的价格来提供产品。人们相信，价格主要由工资决定。高工资是民族幸福与民族中相对平等的指标。但高工资也暗

[11] Sir James Steuart, *An Inquiry into the Principles of Political Economy* (London: Printed for A. Millar and T. Cadell in the Strand, 1767); Johann Gottlieb Fichte, *Der geschlossene Handelsstaat: Ein philsophischer Entwurf als Anhang zui Rechtslehre und Probe einer Kunftig zu liefernden Politik* (Tubingen: Cotta, 1800).

示着竞争性会不可避免地造成损失。使经济不可能享有持久伟大的幽灵就在这里隐约现身，就好像否定军事与帝国的持久伟大也变成了一种常识。斯密相信，通过使用机器和重新组织劳动过程，生产力就会获得提升，而我们可以在高生产力中找到解决办法。如果工资由生产力的增长得到了补偿，工资就可以维持在高水平上。当大量产品从工厂里生产出来，每一件都价格低廉且具有统一的高标准，总收益和工资就维持在高水平上。斯密认为，这一解决方案驱散了这样一种恐惧：低工资国家之所以能够成功地与先进国家竞争，只是因为它们的贫穷使其工资和物价水平维持在很低的水平，并且，通过这样做，它们就获得了短暂的竞争力。卢梭仍然坚持这一神话：相比起柔弱、奢侈的民族，勇敢、贫穷的国家更具有军事优势。它从如下观念直接推衍出来：奢侈导致了罗马的衰落，并被入侵的日耳曼部落军队消灭。但新的威胁却是，在遭遇来自更贫穷、更贫瘠国家的竞争时，诸奢侈国家可能会失去其对外贸易。《国富论》驳斥了这些观念。这就是为何《国富论》开篇就强调机器和技术分工，并且赞美生产力，认为它是现代经济在国际竞技场中获得成功的关键。

不列颠是一个复合的国家，由一个富裕国家和三个贫穷国家组成，后者是：威尔士、苏格兰和爱尔兰。爱尔兰人最先形成民族信条，认为他们有能力与英格兰竞争。英格兰相信了他们。英格兰如此野蛮地对爱尔兰经济施压，这使苏格兰受到恐吓，它在 1707 年联合中自愿加入与英格兰的共同市场。苏格兰人最先努力接受荷兰的转口贸易模式，为此实验选择了今天的巴拿马运河。它在政治和经济上都失败了，其原因是它妨碍了英格兰和西班牙的利益。其结果是形成了世上第一个双方一致同意的自由贸易区，即英格兰和苏格兰在 1707 年的联合。

128

如果就像斯密呈现的那样，重商主义体系是一个零和游戏，那么自由贸易是否为其对立面呢？这一点并不是显而易见的。关于这个主题的内困难，斯密的立场就是一个切中肯綮的好案例。一代或两代人之后，弗里德里希·李斯特将会论证：斯密在盎格鲁 - 苏格兰 - 爱尔兰 - 美利坚贸易的框架内考虑过多，以至于不能完全理解诸独立国家之间的贸易本性。[12]或许，在任何情况下，斯密都已经不得不对如下事实表示满意：他最好的最尊敬的朋友大卫·休谟已将穷国与富国间贸易的爱尔兰逻辑运用到盎格鲁-苏格兰贸易上来，并论断说，穷国与富国间有序的转移或产品循环将会发生，更简单、对工资更加敏感的工业将会转移到穷国，更复杂、具有高附加价值的产品则仍然会将富国推向进一步的伟大。休谟对盎格鲁-苏格兰经济联合的缓慢工作节奏感到恼怒，他也期待这一逻辑开始更有力地运行。许多人忽视了苏格兰与英格兰同属不列颠的事实，以为他在预言不列颠的衰落。实际上，关于18世纪最大的恐惧（或许也是未来两个世纪最大的恐惧），休谟发展出一个重大论证——一种对世界贸易之垄断的观念。这一观念便是：富国会变得更富，穷国则变得更穷。在一切方面，这一逻辑都颇为接近卢梭内心。对休谟来说，这一通过竞争实现的生产转型机制是解决这一问题的办法。对其爱尔兰原创者而言，亦是如此。[13]

在其未发表的论普世君主国的文章里，孟德斯鸠对此观念做出了杰出的论述，认为它是未来欧洲联合或欧洲和平的基础。因为，在他和同时代的许多法国人看来，这个观念暗示着，商业中的英国世界等级将会自动作废。[14]这一理论很可能是从爱尔兰银行家理查德·坎蒂隆（Richard Cantillon）那里发展出来，或者是源自他与博林布鲁克圈子（Bolingbroke circle）的接触。他将此理论放入他关于罗马的著作的第二版。正如我们前面提及的那样，这部书在1748年与《论法的精神》一同得到重印，但他不得不第二次做自我审查，删除了这一

129

[12] Friedrich List, *The Natural System of Political Economy*, ed. W. O. Henderson (London: Cass, 1983), p.319. 洪特在《贸易的嫉妒》(“Jealousy of Trade: An Introduction”, pp. 148–155）中讨论了李斯特。

[13] 对此请参阅Hont, “The ‘Rich-Country-Poor-Country’ Debate in the Scottish Enlightenment,” in *Jealousy of Trade*; “The ‘Rich Country-Poor Country’ Debate Revisited: The Irish Origins and the French Reception of the Hume Paradox,” in *David Hume's Political Economy*, ed. M. Schabas and C. Wennerlind (Abingdon: Routledge, 2008)。

[14] Montesquieu, *réflexions sur la monarchie universelle*(1734), in *Euvres Complètest* II, ed. Roger Caillois (Paris：Gallimard, 1951), pp.19–38.

危险的学说。法国人从此故事中借取甚多。马布里（Mably）将卢梭放到圣皮埃尔神父曾经踏足的小径上。在共和主义政治经济学理论家中，他也被认为是欧洲的主要干将。马布里认为，这将会引起欧洲民族经济灾难性的循环增长，创造出一种持久的革命危险。其他人（比如孔迪拉克［Condillac］，马布里的兄弟）看到了休谟观念中的神意正义的方面。这并非一种令富人丧失其地位的机制，却是令穷人加入其中的机制——所以，这是一种两者可以得兼的状态——如果富裕国家看到危险的预兆，纠正它们的道路，持续地朝着更为复杂、成熟的产品前进，保存其优势的同时也让其他国家一起发展，最终将弥合穷国与富国之间的差距。尽管如此，孔迪拉克也站到了闭锁的商业国理论家这一边。互补性贸易，如同南方与北方之间彼此交换其产品的贸易——以产品的天然条件的异质性为基础的贸易，或以高度地方化的极为专门的节点为基础的贸易——是可行的。但是，相同产品的直接竞争性贸易却必须终止，因为它注定过度干扰世界和平，引发战争和无政府状态。此类贸易的基础是工资水平差异，和竞争民族在国内市场中的价格战争。如果没有一个世界政府的监管，因竞争促动的变动就难以掌控。在这些思想家中，没有人认为，这种怪物一般的实体是可行的，或是可欲的。（还有许多古怪的例外，如法国革命期间的阿纳查希斯·克洛［Anacharsis Cloots］，他梦想着一个世界性的多元会议制，从而能够形成一个政治的世界共和国，与孟德斯鸠和斯密所评论的全球性商业共和国相对应。克洛很快就人头落地，丧身于罗伯斯庇尔之手，因为他向雅各宾的半封闭价格控制的国家观念建议了一个如此危险的竞争者。）

斯密知道，他的富有竞争力的出口国家观念必须从关于竞争的重商主义观念中剥离出来。他必须处理民族仇恨的问题。民族仇恨乃是民族自尊的消极版本。这要求一种能够产生积极经济结果的适当仁慈的行为者。卢梭是一个卓越的爱国主义哲人。对他来说，竞争是一种爱国现象。斯密认为，那种爱国主义是一柄双刃剑。它远不只是对国家安全的警觉和对履行国内政治义务的热情。爱国者通常极端地崇拜其民族的历史与文化。爱国主义是集体的骄傲，其功能是要缓和个 130

人的不安全性。当“我们比较［自己的国家］和同一类的其他社会”时，斯密写道：“我们对其优越性表示骄傲，如果它在某方面显得不如他国，我们会觉得在某种程度上受到了伤害。”卢梭也持同样的观点。依此看来，经济维度是非常突出的。斯密解释说，我们国家的“繁荣与荣耀似乎反映了我们自己的某类荣誉”[15]。经济爱国主义常常接近于嫉妒的政治。斯密继续论道：“对我们自己国家的爱常常让我们怀着最大的嫉恨与猜忌来看待任何邻国的繁荣与壮大。”[16]但如果没有自信，国家就会衰落；没有竞争，市场就会功能失调。所以，斯密寻求一种选择，来最大化实现民族自豪与经济增长，同时清除民族偏见和忌妒的有害结果。他的选择是“民族竞争”，即为了荣誉而竞争性地追求国家经济的卓越。在经典思想中，竞争是忌妒的一个积极版本。竞争是一种“我们自己应当排除的焦虑的欲望”，它“原本建立在我们对他人卓越性的崇敬当中”[17]。在竞争中，你想通过比他人做得出色来获得优胜，忌妒则表明：阻止他们实现同样的结果。忌妒和竞争结构上相似，除了上述区别，我们通常难以区分两者。易言之，区别在于实现卓异的方式。就忌妒而言，就像国家理性一样，可以为达目的不择手段。竞争也是一种忌妒。关于拉丁词 *aemulatio*，亚里士多德使用的原初的希腊语便是 *zelos*，即“zeal”，这是英文“jealousy”的词根（原初是“zealousy”）。忌妒创造了仇恨，竞争产生了忌妒、努力、活力和进步。竞争并不意味着直接以德性为目的。它是野心的孩子，是不知疲倦地获取荣耀和荣誉的热情。它是民族卓越的媒介。这是自尊的结构性版本，是比较性民族自我的部分活动。因为个人“享有、获取并享受人类的尊敬和仰慕”，斯密写道，“是竞争的大目标”[18]。相同的论述也可以应用到国家上。他支持卢梭的国内竞争观念。“公众给予具有一技之长的艺术家和手工匠人的额外费

131

［15］ Smith, *TMS*, VI. Ii. 2.2.

［16］ Ibid., *TMS*, IV. Ii.2.3.

［17］ Ibid., *TMS*, III.2.3.

［18］ Ibid., *TMS*, I. iii.3.2.

用"[19]代表了促进改善的公平方式。给技巧和品质方面的竞争提供非市场的竞争能够增加技术的发展，提高市场竞争，帮助贫穷的国家追赶上富裕国家，并创造前所未有的市场。

他将此观念应用到更大范围，应用到国家层面。在这一设定中，通过定义，竞争不得不成为爱国主义的竞争者。在此，斯密最好的建议是，用对人类的爱来调和爱国主义的民族仇恨，把文化的全球竞争和其他国家的经济成就当作反作用力，用它们对抗忌妒。这是高度不确定的。民族仇恨建立在"傲慢与愤怒"之中。[20]对人类的爱来自不同的心理根源，与这些激情不相匹配。关于"我们对自己国家的爱"，其问题不仅仅在于它是一种独立于"对人类之爱"的激情，持久地要求个人与民族在彼此冲突的爱之情感之间进行协商。斯密承认，"对人类的爱"是竞赛中的失败方，因为"对国家的爱"是一种更为强烈的情感。更糟糕的是，斯密声称，爱国主义促使各国对人类的爱"采取不一致的行动"[21]。荣誉和忌妒都是锚定在个人与国家的比较性评价之中的情感。荣誉能够激起竞争，但却不能抑制它走向过度。

132 我们在一个有趣的地方结束。这块地盘便是所谓的卢梭《社会契约论》的日内瓦手稿的前两章。它是卢梭论政治制度的皇皇大作的一部分。此章聚焦于全球与民族社会之间的张力，以及它们随之产生的社会心理。卢梭在最终出版的《社会契约论》版本中放弃了这两章，单独论证民族社会的情况。在《道德情感论》中，斯密把它带了回来，采取适当的方式，用以解释爱国主义。他的结论是试探性的和犹豫的。其《国富论》只讨论诸民族的财富，却不讨论人类的财富。他认为，人类财富通过数量众多的民族行为者才能最好地得以实现，却不能直接实现。就此关键问题，卢梭与斯密都对其失败做了一番说明。我把他们的说明作为本书的终点，这是一个非常便利的做法。我

[19] Smith, *WN*, IV. V.a.39.

[20] Smith, *TMS*, VI. Ii. 2.4.

[21] Ibid., *TMS*, VI. Ii.2.4.

这样做的目的，是表明：他们在相同的地方失败了，与我们倾向于假设的情况相比，他们的论述经常具有更多的相似性。更进一步，尚不清楚的是，我们是否已经更深刻地理解了那一点。关于我们在理论上取得的进步，我略有怀疑。对此，我希望，在这一年，大家能够更容易原谅我的怀疑态度。这是一个好的时机，我们可以通过重新考虑卢梭与斯密明显对立的体系，重新开始思考。我们不得不在比较中获得学识。自尊、民族国家与商业仍然是现代政治理论的面包与黄油,《国富论》与《社会契约论》也仍是人们最频繁提及的现代性著作。如果这本书给了你某种理由，让你想要了解它们为何依然如此，让你采用一种不同于以往的阅读方式，那么这本书就实现了它的目标。对这些伟大文本的误解已经走得太远了。

索　　引

（条目后的页码为原书页码，即本书页边码）

浙江省版权局著作权合同登记图字：11-2019-113 号